傳習録

〔明〕王守仁　撰

齊魯書社
·濟南·

圖書在版編目（CIP）數據

傳習録 / (明) 王守仁撰. -- 濟南 : 齊魯書社, 2024. 9. -- (《儒典》精粹). -- ISBN 978-7-5333-4933-2

Ⅰ. B248.25

中國國家版本館CIP數據核字第2024GN5820號

責任編輯　張　超
裝幀設計　亓旭欣

傳習録

CHUANXI LU

〔明〕王守仁　撰

主管單位	山東出版傳媒股份有限公司
出版發行	齊魯書社
社　　址	濟南市市中區舜耕路517號
郵　　編	250003
網　　址	www.qlss.com.cn
電子郵箱	qilupress@126.com
營銷中心	（0531）82098521　82098519　82098517
印　　刷	山東臨沂新華印刷物流集團有限責任公司
開　　本	880mm × 1230mm　1/32
印　　張	12
插　　頁	2
版　　次	2024年9月第1版
印　　次	2024年9月第1次印刷
標準書號	ISBN 978-7-5333-4933-2
定　　價	98.00圓

《〈儒典〉精粹》出版説明

《儒典》是對儒家經典的一次精選和萃編，集合了儒學著作的優良版本，展示了儒學發展的歷史脉絡。其中，《義理典》《志傳典》共收録六十九種元典，由齊魯書社出版。鑒於《儒典》采用套書和綫裝的形式，部頭大，價格高，不便於購買和日常使用，我們决定以《〈儒典〉精粹》爲叢書名，推出系列精裝單行本。

叢書約請古典文獻學領域的專家學者精選書目，并爲每種書撰寫解題，介紹作者生平、内容、版本流傳等情况，文簡義豐。叢書共三十三種，主要包括儒學研究的代表性專著和儒學人物的師承傳記兩大類。版本珍稀，不乏宋元善本。對於版心偏大者，適度縮小。爲便於檢索，另編排目録。不足之處，敬請讀者朋友批評指正。

齊魯書社

二〇二四年八月

《〈儒典〉精粹》書目（三十三種三十四册）

孔氏家語　荀子集解　孔叢子
春秋繁露　春秋繁露義證　鹽鐵論
新序　揚子法言　白虎通德論
潛夫論　中說　太極圖說　通書
龜山先生語録　張子語録　傳習録
張子正蒙注　先聖大訓　近思録
四存編　孔氏家儀　帝範
帝學　温公家範　文公家禮
聖門禮樂誌　東家雜記　孔氏祖庭廣記
伊洛淵源録　伊洛淵源續録　國朝漢學師承記
國朝宋學淵源記　孔子編年　孟子年表

解　題

傳習録三卷，明王守仁撰，明嘉靖王畿刻本

王守仁字伯安，浙江餘姚人。明弘治己未（一四九九）進士。累遷右僉都御史，整飭南贛汀漳軍務。值宸濠反，與知府伍文定協謀募兵勤王，共討平之。論功，陞南京兵部尚書，加太子太保，封新建伯。明世宗嘉靖七年（一五二八）十一月卒，謚文成。因曾築室於會稽陽明洞，創辦陽明書院，世稱陽明先生，遂以陽明行世。著有《陽明先生集》。《明史》卷一百九十五有傳，生平事迹又詳《王文成公全書》附黄綰撰《陽明先生行狀》、湛若水撰《陽明先生墓志銘》，《耿天臺先生文集》卷十三《新建伯文成王先生世家》，《國朝獻徵録》卷九王世貞撰《新建伯文成王公守仁傳》、佚名《新建伯王文成公傳》，《鐔墟堂摘稿》卷十二《陽明先生傳》等。

是書輯録王陽明先生講學言論，以及先生與弟子并時人論答之語。卷首有南大吉《刻〈傳習録〉序》、徐愛《〈傳習録〉序》，其後有王畿《重刻〈傳習録〉序》，述該本刊刻淵源如下：

『陽明先師《傳習録》始刻于贛，葢薛尚謙氏所校定，并徐曰仁氏、陸原静氏所紀，勒爲一册。及師歸越，郡守南子元善益以問答諸書，併刻爲二册，即今所傳者是也。傳且久，漶闕至不可讀，學者病之。畿乃謀諸郡倅蕭子奇士，命江生涌檢勒，得其漶且闕者若干篇，付工補刻，而二册復完。……嘉靖庚戌歲冬十月望。』據此，該本乃據嘉靖三年南大吉刻本《傳習録》補版重刻。

王畿重刻本凡二册，上册凡三卷，依次爲門人徐愛、陸澄、薛侃所録，并於各人所録語録後標識『右門人徐愛曰仁録』『右門人陸澄録』『右門人薛侃録』。上卷一末有薛侃識語：『曰仁所紀凡三卷，侃近得此數條并兩小序，其餘俟求其家附録之。正德戊寅春薛侃識。』上册相應部分曾單行於世，由薛侃於正德十三年戊寅刊刻於贛州。下册凡五卷，卷一首收《答徐成之書》兩通，中間唯以『又』字分隔，書後附南逢吉識語。次收《答羅整菴少宰書》一通。卷二唯收《答人論學書》一通。卷三收《答周道通書》一通、《答陸原静書》二通，中間亦以『又』字分隔。卷四收《答歐陽崇一》書一通、《答聶文蔚書》一通。卷五所收非書信，乃《示弟立志説》《訓蒙大意示教讀劉伯頌等》。

目録

傳習録下卷三

傳習録下卷四

傳習録下卷五

刻傳習錄序

天地之間道而已矣道也者人物之所由以生者也是故人之生也得其秀而最靈以言乎性則中矣以言乎情則和矣以言乎萬物則備矣由聖人至於途人一也故曰人者天地之德陰陽之交鬼神之會五行之秀氣也又曰致中和天地位焉萬物育焉是故古者大道之明於天下也天下之人相忘於道化之中而無復所謂

邪慝者焉率性以由之修道以誠之皡皡乎而不知爲之者是故大順之所積也以天則不愛其道也以地則不愛其寶也以人則不愛其情也以物則不愛其靈也聖人於此夫何言哉恭已無爲而已矣至其後也道不明於天下天下之人相交於物化之中而邪慝興焉失其性而不求合其道而不知修斯人也日入於禽獸之歸而莫之知也是故萬物弗序而天地弗官矣

聖人生而知道者也賢人學而知道者也其視天地萬物無一而非我而斯人之不知道也若己推而入之鳥獸之羣也理有所不可隱心有所不容忍惡能已於言哉故孟子曰予豈好辯哉予不得已也故夫聖賢之言將以明斯道而示諸人使天下之人曉然知道之在是而庶民興焉庶民興則邪慝息邪慝息則萬物序而天地官矣夫然後聖賢之心始安而其言始已也

是故其言也求其是則已矣非以爲聞見之高
也求其明則已矣非以爲門戸之高也而後之
爲聖賢之學者其初也執聞見以自是而不知
聖人之所是者天下之公是也立門戸以自明
而不知聖人之所明者天下之同明也故其後
也言愈多而愈支支則不可行矣門愈高而愈
小小則不可通矣皆意也已也勝心之爲也而
世之號爲豪傑者方皆溺於其中而莫之知也

其亦可哀也已矣夫天之命於我而我之具於心者自有真是真非至明而不容有蔽者也故天下之言道者至不一也苟以平心觀之易氣玩之則其是是非非自不能遁吾心之真知也雖夫聞見已執於未觀之先而門戶又高於旣玩之際則其言雖是也蔽於聞見之私而不知其是指雖明也隔於門戶之異而不通其明道之不明於天下治之所以不能追復前古者其

所由來遠矣是錄也門弟子錄陽明先生問答之辭討論之書而刻以示諸天下者也吉也從遊宮墻之下其於是錄也朝觀而夕玩口誦而心求蓋亦自信之篤而竊見夫所謂道者置之而塞乎天地溥之而横乎四海施諸後世而無朝夕人心之所同然者也故命逢吉弟校續而重刻之以傳諸天下天下之於是錄也但勿以聞見梏之而平心以觀其意勿以門户隔之而

易氣以玩其辭勿以錄求錄也而以我求錄也則吾心之本體自見而凡斯錄之言皆其心之所固有而無復可疑者矣則夫大道之明於天下而天下之所以平者將亦可竢也已

嘉靖三年冬十月十有八日

賜進士出身中順大夫紹興府知府門人渭北南大吉謹序

傳習錄序

門人有私錄陽明先生之言者先生聞之謂之曰聖賢教人如醫用藥皆因病立方酌其虛實溫涼陰陽內外而時時加減之要在去病初無定說若拘執一方鮮不殺人矣今守仁與諸君不過各就偏蔽箴切砥礪但能改化即吾言已爲贅疣若遂守爲成訓他日誤已誤人守仁之罪過可復追贖乎愛既備錄先生之教同門之

友有以是相規者愛因謂之曰如子之言卽又拘執一方復失先生之意矣孔子謂子貢嘗曰予欲無言他日則曰吾與回言終日又何言之不一邪葢子貢專求聖人於言語之間故孔子以無言警之使之實體諸心以求自得顏子於孔子之言默識心通無不在己故與之言終日若決江河而之海也故孔子於子貢之無言不爲少於顏子之終日言不爲多各當其可而已

今傳錄先生之語固非先生之所欲使吾儕常在先生之門亦何事於此惟或有時而去側同門之友又皆離羣索居當是之時儀刑既遠而規切無聞如愛之駑劣非得先生之言時時對越警發之其不摧墮靡廢者幾希矣吾儕於先生之言苟徒入耳出口不體諸身則愛之錄此實先生之罪人矣使能得之言意之表而誠諸踐履之實則斯錄也固先生終日言之之心也

可少乎哉錄成因復識此於篇首以告同志門人徐愛序

南逢吉曰此徐子曰仁之自序其錄者不幸曰仁亡矣錄亦散失今之錄雖全非其筆然其全者不可得而此序序錄之意則備矣故仍置于首用以告夫同志者焉

重刻傳習錄序

門人王畿百拜譔

陽明先師傳習錄始刻于贛薛尚謙氏所校定幷徐曰仁氏陸原靜氏所紀勒爲一冊及師歸越郡守南子元善益以問答諸書併刻爲二冊即今所傳者是也傳且久漶闕至不可讀學者病之畿乃謀諸郡倅蕭子奇士命江生涌檢勘得其漶且闕者若干篇付工補刻而二冊復

完夫師之學從憂患啓悟本於自得以易簡爲宗故其爲教隨機立法易知易從非有所強也是錄之始傳也海內同志驟見而誦習之炯然如大夢之得醒多所開發師嘗曰無意中得此一助歸越以後則專提良知二字使人言下便有悟入其爲教益微而爲助益廣蓋其所學日益精邃故教亦因之耳師之在日精神足以自致尚不能無賴於是錄之助況儀刑既遠謦欬

日踈是録之傳譬如饑渴之於飲食有不可一
日無者矣夫飲食猶在外也良知在人愚夫愚
婦與聖人同反身而求無不具足乃入聖之顯
宗也顧惟聖遠教衰學者馳於外求不得巳畧
與開示使之反求而自得之如夢者之醒初非
有假於外也是說流傳旣久寖成玩肩世之學
者未有必爲聖人之志不務實致其知以求心
悟漫然號於人曰良知良知是豈師教之使然

哉譬諸談食說飲不務入口以求醉飽之實甚或妄意醉飽以滋虛見吾見其惑也已故特表而出之以求不失其宗因以解學者之惑尚有續錄數卷未及盡刻葢有俟也嘉靖庚戌歲冬十月望

傳習錄上卷一

先生於大學格物諸說悉以舊本爲正蓋先儒所謂誤本者也愛始聞而駭旣而疑已而殫精竭思參互錯縱以質於先生然後知先生之說若水之寒若火之熱斷斷乎百世以俟聖人而不惑者也先生明睿天授然和樂坦易不事邊幅人見其少時豪邁不羈又嘗泛濫於詞章出入二氏之

學驟聞是說，皆目以爲立異好奇，漫不省究，不知先生居夷三載，處困養靜，精一之功，固已超入聖域，粹然大中至正之歸矣。愛朝夕炙門下，但見先生之道，卽之若易而仰之愈高，見之若麤而探之愈精，就之若近而造之愈益無窮，十餘年來，竟未能窺其藩籬。世之君子，或與先生僅交一面，或猶未聞其聲欬，或先懷忽易憤激之心

而遽欲於立談之閒傳聞之說臆斷懸度
如之何其可得也從游之士聞先生之教
往往得一而遺二見其牝牡驪黃而棄其
所謂千里者故愛備錄平日之所聞私以
示夫同志相與考而正之庶無負先生之
教云門人徐愛書
愛問在親民朱子謂當作新民後章作新民之
文似亦有據先生以爲宜從舊本作新民亦

有所據否先生曰作新民之新是自新之民與在新民之新不同此豈足爲據作字却與親字相對然非新字義不面治國平天下處皆於新字無發明如云君子賢其賢而親其親小人樂其樂而利其利如保赤子民之所好好之民之所惡惡之此之謂民之父母之類皆是親字意親民猶孟子親親仁民之謂親之郎仁之也百姓不親舜使契爲司徒敬

敷五教所以親之也堯典克明峻德便是明
明德以親九族至平章協和便是親民便是
明明德於天下又如孔子言修巳以安百姓
修巳便是明明德安百姓便是親民說親民
便兼教養意說新民便覺偏了
愛問知止而後有定朱子以爲事事物物皆有
定理似與先生之說相戾先生曰於事事物
物上求至善却是義外也至善是心之本體

只是明明德到至精至一處便是然亦未嘗離却事物本註所謂盡夫天理之極而無一毫人欲之私者得之

愛問至善只求諸心恐於天下事理有不能盡先生曰心即理也天下又有心外之事心外之理乎愛曰如事父之孝事君之忠交友之信治民之仁其間有許多理在恐亦不可不察先生嘆曰此說之蔽久矣豈一語所能悟

今姑就所問者言之且如事父不成去父上求箇孝的理事君不成去君上求箇忠的理交友治民不成去友上民上求箇信與仁的理都只在此心心卽理也此心無私欲之蔽卽是天理不須外面添一分以此純乎天理之心發之事父便是孝發之事君便是忠發之交友治民便是信與仁只在此心去人欲存天理上用功便是愛曰聞先生如此說愛

已覺有省悟處但舊說纏於胸中尚有未脫然者如事父一事其間溫清定省之類有許多節目不知亦須講求否先生曰如何不講求只是有箇頭腦只是就此心去人欲存天理上講求就如講求冬溫也只是要盡此心之孝恐怕有一毫人欲間雜講求夏清也只是要盡此心之孝恐怕有一毫人欲間雜只是講求得此心此心若無人欲純是天理是

箇誠於孝親的心冬時自然思量父母的寒便自要去求箇温的道理夏時自然思量父母的熱便自要去求箇清的道理這都是那誠孝的心發出來的條件却是須有這誠孝的心然後有這條件發出來譬之樹木這誠孝的心便是根許多條件便是枝葉須先有根然後有枝葉不是先尋了枝葉然後去種根禮記言孝子之有深愛者必有和氣有和

氣者必有愉色有愉色者必有婉容須是有
箇深愛做根便自然如此

鄭朝朔問至善亦須有從事物上求者先生曰
至善只是此心純乎天理之極便是更於事
物上怎生求且試說幾件看朝朔曰且如事
親如何而爲溫清之節如何而爲奉養之宜
須求箇是當方是至善所以有學問思辨之
功先生曰若只是溫清之節奉養之宜可一

日二日講之而盡用得甚學問思辨惟於溫
清時也只要此心純乎天理之極奉養時也
只要此心純乎天理之極此則非有學問思
辨之功將不免於毫釐千里之繆所以雖在
聖人猶加精一之訓若只是那些儀節求得
是當便謂至善即如今扮戲子扮得許多溫
清奉養的儀節是當亦可謂之至善矣愛於
是日又有省

愛因未會先生知行合一之訓與宗賢惟賢往復辨論未能決以問於先生先生曰試舉看愛曰如今人儘有知得父當孝兄當弟者卻不能孝不能弟便是知與行分明是兩件先生曰此已被私欲隔斷不是知行的本體了未有知而不行者知而不行只是未知聖賢教人知行正是要復那本體不是著你只恁的便罷故大學指箇眞知行與人看說如好

好色如惡惡臭見好色屬知好好色屬行只見那好色時已自好了不是見了後又立箇心去好聞惡臭屬知惡惡臭屬行只聞那惡臭時已自惡了不是聞了後別立箇心去惡如鼻塞人雖見惡臭在前鼻中不曾聞得便亦不甚惡亦只是不曾知臭就如稱某人知孝某人知弟必是其人已曾行孝行弟方可稱他知孝知弟不成只是曉得說些孝弟的

話便可稱爲知孝弟又如知痛必已自痛了方知痛知寒必已自寒了知饑必已自饑了知行如何分得開此便是知行的本體不曾有私意隔斷的聖人教人必要是如此方可謂之知不然只是不曾知此却是何等緊切著實的功夫如今苦苦定要說知行做兩箇是甚麽意守仁要說做一箇是甚麽意若不知立言宗旨只管說一箇兩箇亦有甚用愛

曰古人說知行做兩箇亦是要人見箇分曉一知做知的功夫一行做行的功夫即功夫始有下落先生曰此却失了古人宗旨也守仁嘗說知是行的主意行是知的功夫知是行之始行是知之成若會得時只說一箇知已自有行在只說一箇行已自有知在古人所以既說一箇知又說一箇行者只爲世間有一種人懵懵懂懂的任意去做全不解思

惟省察也只是箇冥行妄作所以必說箇知方纔行得是又有一種人茫茫蕩蕩懸空去思索全不肯著實躬行也只是箇揣摸影響所以必說一箇行方纔知得眞此是古人不得已補偏救敝的說話若見得這箇意時即一言而足今人却就將知行分作兩件去做以爲必先知了然後能行我如今且去講習討論做知的功夫待知得眞了方去做行的

功夫故遂終身不行亦遂終身不知此不是小病痛其來已非一日矣守仁今說箇知行合一正是對病的藥又不是守仁鑿空杜撰知行本體原是如此今若知得宗旨時即說兩箇亦不妨亦只是一箇若不會宗旨便說一箇亦濟得甚事只是閒說話

愛問昨聞先生止至善之教已覺工夫有用力處但與朱子格物之訓思之終不能合先生

曰格物是止至善之功既知至善即知格物矣愛曰昨以先生之教推之格物之說似亦見得大畧但朱子之訓其於書之精一論語之博約孟子之盡心知性皆有所證據以是未能釋然先生曰子夏篤信聖人曾子反求諸己篤信固亦是然不如反求之切今既不得於心安可狃於舊聞不求是當就如朱子亦尊信程子至其不得於心處亦何嘗苟從

精一博約盡心本自與吾說脗合但未之思耳朱子格物之訓未免牽合附會非其本旨精是一之功博是約之功曰仁既明知行合一之說此可一言而喻盡心知性知天是生知安行事存心養性事天是學知利行事殀壽不貳修身以俟是困知勉行事朱子錯訓格物只爲倒看了此意以盡心知性爲物格知至要初學便去做生知安行事如何做得

愛問盡心知性何以爲生知安行先生曰性是心之體天是性之原盡心卽是盡性惟天下至誠爲能盡其性知天地之化育存心者心有未盡也知天如知州知縣之知是自己分上事已與天爲一事天如子之事父臣之事君須是恭敬奉承然後能無失尚與天爲二此便是聖賢之別至於殀壽不貳其心乃是教學者一心爲善不可以窮通殀壽之故

便把爲善的心變動了只去修身以俟命見得窮通壽殀有箇命在我亦不必以此動心事天雖與天爲二已自見得箇天在面前俟命便是未曾見面在此等候相似此便是初學立心之始有箇困勉的意在今却倣做了所以使學者無下手處愛曰昨聞先生之教亦影影見得工夫須是如此今聞此說益無可疑愛昨晚思格物的物字卽是事字皆從

心上說先生曰然身之主宰便是心心之所發便是意意之本體便是知意之所在便是物如意在於事親即事親便是一物意在於事君即事君便是一物意在於仁民愛物即仁民愛物便是一物意在於視聽言動即視聽言動便是一物所以某說無心外之理無心外之物中庸言不誠無物大學明明德之功只是箇誠意誠意之功只是箇格物

先生又曰格物如孟子大人格君心之格是去其心之不正以全其本體之正但意念所在即要去其不正以全其正即無時無處不是存天理即是窮理天理即是明德即是明明德

又曰知是心之本體心自然會知見父自然知孝見兄自然知弟見孺子入井自然知惻隱此便是良知不假外求若良知之發更無私

意障碍卽所謂充其惻隱之心而仁不可勝用矣然在常人不能無私意障碍所以須用致知格物之功勝私復理卽心之良知更無障碍得以充塞流行便是致其知知致則意誠

愛問先生以博文爲約禮工夫深思之未能得畧請開示先生曰禮字卽是理字理之發見可見者謂之文文之隱微不可見者謂之理

只是一物約禮只是要此心純是一箇天理要此心純是天理須就理之發見處用功如發見於事親時就在事親上學存此天理發見於事君時就在事君上學存此天理發見於處富貴貧賤時就在處富貴貧賤上學存此天理發見於處患難夷狄時就在處患難夷狄上學存此天理至於作止語默無處不然隨他發見處卽就那上面學箇存天理這

便是博學之於文便是約禮的工夫博文即
是惟精約禮即是惟一
愛問道心常爲一身之主而人心每聽命以先
生精一之訓推之此語似有弊先生曰然心
一也未雜於人謂之道心雜以人僞謂之人
心人心之得其正者即道心道心之失其正
者即人心初非有二心也程子謂人心即人
欲道心即天理語若分析而意實得之今曰

道心爲主而人心聽命是二心也天理人欲
不並立安有天理爲主人欲又從而聽命者
愛問文中子韓退之先生曰退之文人之雄耳
文中子賢儒也後人徒以文詞之故推尊退
之其實退之去文中子遠甚愛問何以有擬
經之失先生曰擬經恐未可盡非且說後世
儒者著述之意與擬經如何愛曰世儒著述
近名之意不無然期以明道擬經純若爲名

先生曰著述以明道亦何所效法曰孔子刪述六經以明道也先生曰然則擬經獨非效法孔子乎愛曰著述即於道有所發明擬經似徒擬其迹恐於道無補先生曰子以明道者使其反朴還淳而見諸行事之實乎抑將美其言詞而徒以譊譊於世也天下之大亂由虛文勝而實行衰也使道明於天下則六經不必述刪述六經孔子不得已也自伏羲

畫卦至於文王周公其閒言易如連山歸藏之屬紛紛籍籍不知其幾易道大亂孔子以天下好文之風口盛知其說之將無紀極於是取文王周公之說而贊之以爲惟此爲得其宗於是紛紛之說盡廢而天下之言易者始一書詩禮樂春秋皆然書自典謨以後詩自二南以降如九丘八索一切淫哇逸蕩之詞蓋不知其幾千百篇禮樂之名物度數至

是亦不可勝窮孔子皆删削而述正之然後其說始廢如書詩禮樂中孔子何嘗加一語今之禮記諸說皆後儒附會而成已非孔子之舊至於春秋雖稱孔子作之其實皆魯史舊文所謂筆者筆其舊所謂削者削其繁是有減無增孔子述六經懼繁文之亂天下惟簡之而不得使天下務去其文以求其實非以文教之也春秋以後繁文益盛天下益亂

始皇焚書得罪是出於私意又不合焚六經若當時志在明道其諸反經叛理之說悉取而焚之亦正暗合刪述之意自秦漢以降文又日盛若欲盡去之斷不能去只宜取法孔子錄其近是者而表章之則其諸怪悖之說亦宜漸漸自廢不知文中子當時擬經之意如何守仁竊深有取於其事以爲聖人復起不能易也天下所以不治只因文盛實衰人

出巳見新奇相高以眩俗取譽徒以亂天下之聰明塗天下之耳目使天下靡然爭務修飾文詞以求知於世而不復知有惇本尚實反朴還淳之行是皆著述者有以啓之愛曰著述亦有不可缺者如春秋一經若無左傳恐亦難曉先生曰春秋必待傳而後明是歇後謎語矣聖人何苦爲此艱深隱晦之詞左傳多是魯史舊文若春秋須此而後明孔子

何必削之愛曰伊川亦云傳是案經是斷如
書弑其君伐其國若不明其事恐亦難斷先
生曰伊川此言恐亦是相沿世儒之說未得
聖人作經之意如書弑君即弑君便是罪何
必更問其弑君之詳征伐當自天子出書伐
國即伐國便是罪何必更問其伐國之詳聖
人述六經只是要正人心只是要存天理去
人欲之事則嘗言之或因人請問各隨分量

而說亦不肯多道恐人專求之言語故曰予欲無言若是一切縱人欲滅天理的事又安肯詳以示人是長亂導奸也故孟子云仲尼之門無道桓文之事者是以後世無傳焉此便是孔門家法世儒只講得一箇覇者的學問所以要知得許多陰謀詭計純是一片功利的心與聖人作經的意思正相反如何思量得通因嘆曰此非達天德者未易與言此

也又曰孔子云吾猶及史之闕文也孟子云
盡信書不如無書吾於武成取二三策而已
孔子删書於唐虞夏四五百年間不過數篇
豈更無一事而所述止此聖人之意可知矣
聖人只是要删去繁文後儒却只要添上愛
曰聖人作經只是要去人欲存天理如五霸
以下事聖人不欲詳以示人則誠然矣至如
堯舜以前事如何畧不少見先生曰羲黄之

世其事濶踈傳之者鮮矣此亦可以想見其時全是淳龎朴素略無文彩的氣象此便是太古之治非後世可及愛曰如三墳之類亦有傳者孔子何以删之先生曰縱有傳者亦於世變漸非所宜風氣益開文采日勝至於周末雖欲變以夏商之俗已不可挽況唐虞乎又況羲黄之世乎然其治不同其道則一孔子於堯舜則祖述之於文武則憲章之文

武之法即是堯舜之道但因時致治其設施政令已自不同即夏商事業施之於周已有不合故周公思兼三王其有不合仰而思之夜以繼日況太古之治豈復能行斯固聖人之所可畧也又曰專事無爲不能如三王之因時致治而必欲行以太古之俗即是佛老的學術因時致治不能如三王之一本於道而以功利之心行之即是覇者以下事業後

世儒者許多講來講去只是講得箇覇術

又曰唐虞以上之治後世不可復也畧之可也

三代以下之治後世不可法也削之可也惟

三代之治可行然而世之論三代者不明其

本而徒事其末則亦不可復矣

愛曰先儒論六經以春秋爲史史專記事恐與

五經事體終或稍異先生曰以事言謂之史

以道言謂之經事卽道道卽事春秋亦經五

經亦史易是庖羲氏之史書是堯舜以下史詩禮樂是三代史其事同其道同安有所謂異

又曰五經亦只是史史以明善惡示訓戒善可爲訓者時存其迹以示法惡可爲戒者存其戒而削其事以杜奸愛曰存其迹以示法亦是存天理之本然削其事以杜奸亦是遏人欲於將萌否先生曰聖人作經固無非是此

意然又不必泥着文句愛又問惡可爲戒者存其戒而削其事以杜奸何獨於詩而不刪鄭衛先儒謂惡者可以懲創人之逸志然否先生曰詩非孔門之舊本矣孔子云放鄭聲鄭聲淫又曰惡鄭聲之亂雅樂也鄭衛之音亡國之音也此是孔門家法孔子所定三百篇皆所謂雅樂皆可奏之郊廟奏之鄉黨皆所以宣暢和平涵泳德性移風易俗安得有

此是長淫導奸矣此必秦火之後世儒附會以足三百篇之數蓋淫泆之詞世俗多所喜傳如今閭巷皆然惡者可以懲創人之逸志是求其說而不得從而爲之辭

愛因舊說汨沒始聞先生之教實是駭愕不定無入頭處其後聞之既久漸知反身實踐然後始信先生之學爲孔門嫡傳舍是皆傍蹊小徑斷港絕河矣如說格物是誠意的工夫

明善是誠身的工夫窮理是盡性的工夫道學問是尊德性的工夫博文是約禮的工夫惟精是惟一的工夫諸如此類始皆落落難合其後思之既久不覺手舞足蹈

右門人徐愛曰仁錄

曰仁所紀凡三卷侃近得此數條并兩小序其餘俟求其冢附錄之正德戊寅春薛侃識

上卷一終

傳習錄上卷二

先生曰持志如心痛一心在痛上豈有工夫說閑話管閑事

澄問主一之功如讀書則一心在讀書上接客則一心在接客上可以爲主一乎先生曰好色則一心在好色上好貨則一心在好貨上可以爲主一乎是所謂逐物非主一也主一是專主一箇天理

問立志。先生曰：只念念要存天理，即是立志。能不忘乎此，久則自然心中凝聚，猶道家所謂結聖胎也。此天理之念常存，馴至於美大聖神，亦只從此一念存養擴充去耳。

日間工夫覺紛擾則靜坐，覺懶看書則且看書，是亦因病而藥。

處朋友務相下則得益，相上則損。

問後世著述之多，恐亦有亂正學。先生曰：人心天理渾然聖賢筆之書如寫眞傳神不過示人以形狀大略使之因此而討求其眞耳其精神意氣言笑動止固有所不能傳也後世著述是又將聖人所畫摹倣謄寫而妄自分析加增以逞其技其失眞愈遠矣

問聖人應變不窮莫亦是預先講求否先生曰如何講求得許多聖人之心如明鏡只是一箇明則隨感而應無物不照未有已往之形

尚在未照之形先具者若後世所講却是如此是以與聖人之學大背周公制禮作樂以文天下皆聖人所能爲堯舜何不盡爲之而待於周公孔子删述六經以詔萬世亦聖人所能爲周公何不先爲之而有待於孔子是知聖人遇此時方有此事只怕鏡不明不怕物來不能照講求事變亦是照時事然學者却須先有箇明的工夫學者惟患此心之未

能明不患事變之不能盡曰然則所謂冲漠
無朕而萬象森然已具者其言何如曰是說
本自好只不善看亦便有病痛
義理無定在無窮盡吾與子言不可以少有所
得而遂謂止此也再言之十年二十年五十
年未有止也他日又曰聖如堯舜然堯舜之
上善無盡惡如桀紂然桀紂之下惡無盡使
桀紂未死惡寧止此乎使善有盡時文王何

以望道而未之見

問靜時亦覺意思好才遇事便不同如何先生曰是徒知靜養而不用克己工夫也如此臨事便要傾倒人須在事上磨方立得住方能靜亦定動亦定

問上達工夫先生曰後儒教人纔涉精微便謂上達未當學且說下學是分下學上達為二也夫目可得見耳可得聞口可得言心可得

思者皆下學也目不可得見耳不可得聞口不可得言心不可得思者上達也如木之栽培灌溉是下學也至於日夜之所息條達暢茂乃是上達人安能預其力哉故凡可用功可告語者皆下學上達只在下學裏凡聖人所說雖極精微俱是下學學者只從下學裏用功自然上達去不必別尋箇上達的工夫

千古聖人只有這些子又曰人生一世惟有這件事

問惟精惟一是如何用功先生曰惟一是惟精主意惟精是惟一工夫非惟精之外復有惟一也精字從米姑以米譬之要得此米純然潔白便是惟一意然非加舂簸篩揀惟精之功則不能純然潔白也舂簸篩揀是惟精之功然亦不過要此米到純然潔白而已博學

審問愼思明辨篤行者皆所以爲惟精而求惟一也他如博文者卽約禮之功格物致知者卽誠意之功道問學卽尊德性之功明善卽誠身之功無二說也

知者行之始行者知之成聖學只一箇工夫知行不可分作兩事

漆雕開曰吾斯之未能信夫子說之子路使子羔爲費宰子曰賊夫人之子曾點言志夫子

許之聖人之意可見矣

問寧靜存心時可爲未發之中否先生曰今人存心只定得氣當其寧靜時亦只是氣寧靜不可以爲未發之中曰未便是中莫亦是求中工夫曰只要去人欲存天理方是工夫靜時念念去人欲存天理動時念念去人欲存天理不管寧靜不寧靜若靠那寧靜不惟漸有喜靜厭動之弊中間許多病痛只是潛伏

在終不能絕去遇事依舊滋長以循理爲主何嘗不寧靜以寧靜爲主未必能循理

問孔門言志由求任政事公西赤任禮樂多少實用及曾晳說來却是耍的事聖人却許他是意何如曰三子是有意必有意必便偏着一邊能此未必能彼曾點這意思却無意必便是素其位而行不願乎其外素夷狄行乎夷狄素患難行乎患難無入而不自得矣三

子之才各卓然成章非若世之空言無實者故夫子亦皆許之

問知識不長進如何先生曰爲學須有本原須從本原上用力漸漸盈科而進仙家說嬰兒亦善譬嬰兒在母腹時只是純氣有何知識出胎後方始能啼既而後能笑又既而後能認識其父母兄弟又既而後能立能行能持能負卒乃天下之事無不可能皆是精氣日

足則筋力日强聰明日開不是出胎日便講求推尋得來故須有箇本原聖人到位天地育萬物也只從喜怒哀樂未發之中上養來後儒不明格物之説見聖人無不知無不能便欲於初下手時講求得盡豈有此理又曰立志用功如種樹然方其根芽猶未有幹及其有幹尚未有枝枝而後葉葉而後花實初種根時只管栽培灌漑勿作枝想勿作葉想

勿作花想勿作實想懸想何益但不忘栽培之功怕沒有枝葉花實

問看書不能明如何先生曰此只是在文義上穿求故不明如此又不如爲舊時學問他倒看得多解得去只是他爲學雖極解得明曉亦終身無得須於心體上用功凡明不得行不去便須反在自心上體當卽可通蓋四書五經不過說這心體這心體卽所謂道心體

明即是道明更無二此是爲學頭腦處

虛靈不昧衆理具而萬事出心外無理心外無事

或問晦菴先生曰人之所以爲學者心與理而已此語如何曰心即性性即理下一與字恐未免爲二此在學者善觀之

或曰人皆有是心心即理何以有爲善有爲不善先生曰惡人之心失其本體

問析之有以極其精而不亂然後合之有以盡其大而無餘此言如何先生曰恐亦未盡此理豈容分析又何須湊合得聖人說精一自是盡

省察是有事時存養存養是無事時省察

澄嘗問象山在人情事變上做工夫之說先生曰除了人情事變則無事矣喜怒哀樂非人情乎自視聽言動以至富貴貧賤患難死生

皆事變也事變亦只在人情裏其要只在致中和致中和只在謹獨

澄問仁義禮智之名因已發而有曰然他日澄曰惻隱羞惡辭讓是非是性之表德邪曰仁義禮智也是表德性一而已自其形體也謂之天主宰也謂之帝流行也謂之命賦於人也謂之性主於身也謂之心心之發也遇父便謂之孝遇君便謂之忠自此以往名至於

無窮只一性而已猶人一而已對父謂之子對子謂之父自此以往至於無窮只一人而已人只要在性上用功看得一性字分明郎萬理燦然

一日論爲學工夫先生曰教人爲學不可執一偏初學時心猿意馬拴縛不定其所思慮多是人欲一邊故且教之靜坐息思慮久之俟其心意稍定只懸空靜守如槁木死灰亦無

用須教他省察克治省察克治之功則無時
而可間如去盜賊須有箇掃除廓清之意無
事時將好色好貨好名等私逐一追究搜尋
出來定要拔去病根永不復起方始爲快常
如猫之捕鼠一眼看着一耳聽着纔有一念
萌動卽與克去斬釘截鐵不可姑容與他方
便不可窩藏不可放他出路方是眞實用功
方能掃除廓清到得無私可克自有端拱時

在雖曰何思何慮非初學時事初學必須思省察克治即是思誠只思一箇天理到得天理純全便是何思何慮矣

澄問有人夜怕鬼者奈何先生曰只是平日不能集義而心有所慊故怕若素行合於神明何怕之有子莘曰正直之鬼不須怕恐邪鬼不管人善惡故未免怕先生曰豈有邪鬼能迷正人乎只此一怕即是心邪故有迷之者

非鬼迷也心自迷耳如人好色卽是色鬼迷
好貨卽是貨鬼迷怒所不當怒是怒鬼迷懼
所不當懼是懼鬼迷也

定者心之本體天理也動靜所遇之時也

澄問學庸同異先生曰子思括大學一書之義
爲中庸首章

問孔子正名先儒說上告天子下告方伯廢輒
立郢此意如何先生曰恐難如此豈有一人

致敬盡禮待我而爲政我就先去廢他豈人情天理孔子既肯與輒爲政必已是他能傾心委國而聽聖人盛德至誠必已感化衛輒使知無父之不可以爲人必將痛哭奔走往迎其父父子之愛本於天性輒能悔痛眞切如此蒯聵豈不感動底豫蒯聵既還輒乃致國請戮聵已見化於子又有夫子至誠調和其閒當亦決不肯受仍以命輒羣臣百姓又

必欲得輒爲君輒乃白暴其罪惡請於天子

告於方伯諸侯而必欲致國於父瞶與羣臣

百姓亦皆表輒悔悟仁孝之美請於天子告

於方伯諸侯必欲得輒而爲之君於是集命

於輒使之復君衛國輒不得已乃如後世上

皇故事率羣臣百姓尊瞶爲太公備物致養

而始退復其位焉則君君臣臣父父子子名

正言順一舉而可爲政於天下矣孔子正名

或是如此

澄在鴻臚寺倉居忽家信至言兒病危澄心甚憂悶不能堪先生曰此時正宜用功若此時放過閒時講學何用人正要在此等時磨鍊父之愛子自是至情然天理亦自有箇中和處過卽是私意人於此處多認做天理當憂則一向憂苦不知已是有所憂患不得其正大抵七情所感多只是過少不及者才過便

非心之本體必須調停適中始得就如父母之喪人子豈不欲一哭便死方快於心然却曰毀不滅性非聖人強制之也天理本體自有分限不可過也人但要識得心體自然增減分毫不得

不可謂未發之中常人俱有蓋體用一源有是體即有是用有未發之中即有發而皆中節之和今人未能有發而皆中節之和須知是

他未發之中亦未能全得

易之辭是初九潛龍勿用六字易之象是初畫

易之變是值其畫易之占是用其辭

夜氣是就常人說學者能用功則日間有事無事皆是此氣翕聚發生處聖人則不消說夜氣

澄問操存舍亡章曰出入無時莫知其鄉此雖就常人心說學者亦須是知得心之本體亦元是如此則操存工夫始沒病痛不可便謂

出爲亡入爲存若論本體元是無出無入的若論出入則其思慮運用是出然主宰常昭昭在此何出之有既無所出何入之有程子所謂腔子亦只是天理而已雖終日應酬而不出天理即是在腔子裏若出天理斯謂之放斯謂之亡又曰出入亦只是動靜動靜無端豈有鄉邪

王嘉秀問佛以出離生死誘人入道仙以長生

久視誘人入道其心亦不是要人做不好寃其極至亦是見得聖人上一截然非入道正路如今仕者有由科有由貢有由傳奉一般做到大官畢竟非入仕正路君子不由也仙佛到極處與儒者略同但有了上一截遺了下一截終不似聖人之全然其上一截同者不可誣也後世儒者又只得聖人下一截分裂失眞流而爲記誦詞章功利訓詁亦卒不

免爲異端是四家者終身勞苦於身心無分
毫益視彼仙佛之徒清心寡慾超然於世累
之外者反若有所不及矣今學者不必先排
仙佛且當篤志爲聖人之學聖人之學明則
仙佛自泯不然則此之所學恐彼或有不屑
而反欲其俯就不亦難乎鄙見如此先生以
爲何如先生曰所論大略亦是但謂上一截
下一截亦是人見偏了如此若論聖人大中

至正之道徹上徹下只是一貫更有甚上一截下一截一陰一陽之謂道但仁者見之便謂之仁智者見之便謂之智百姓又日用而不知故君子之道鮮矣仁智豈可不謂之道但見得偏了便有弊病

蓍固是易龜亦是易

問孔子謂武王未盡善恐亦有不滿意先生曰在武王自合如此曰使文王未没畢竟如何

曰文王在時天下三分已有其二若到武王伐商之時文王若在或者不致興兵必然這一分亦來歸了文王只善處紂使不得縱惡而已

問孟子言執中無權猶執一先生曰中只是天理只是易隨時變易如何執得須是因時制宜難預先定一箇規矩在如後世儒者要將道理一一說得無罅漏立定箇格式此正是

執一

唐詡問立志是常存箇善念要爲善去惡否曰善念存時即是天理此念即善更思何善此念非惡更去何惡此念如樹之根芽立志者長立此善念而已從心所欲不踰矩只是志到熟處

精神道德言動大率收歛爲主發散是不得已天地人物皆然

問文中子是如何人先生曰文中子庶幾具體而微惜其蚤死問如何却有續經之非曰續經亦未可盡非請問良久曰更覺良工心獨苦

許魯齋謂儒者以治生爲先之說亦誤人

問仙家元氣元神元精先生曰只是一件流行爲氣凝聚爲精妙用爲神

喜怒哀樂本體自是中和的纔自家着些意思

便過不及便是私

問哭則不歌先生曰聖人心體自然如此

克己須要掃除廓清一毫不存方是有一毫在則衆惡相引而來

問律呂新書先生曰學者當務爲急筭得此數熟亦恐未有用必須心中先具禮樂之本方可且如其書說多用管以候氣然至冬至那一刻時管灰之飛或有先後須臾之間焉知

那管正值冬至之刻須自心中先曉得冬至之刻始得此便有不通處學者須先從禮樂本原上用功

曰仁云心猶鏡也聖人心如明鏡常人心如昏鏡近世格物之說如以鏡照物照上用功不知鏡尚昏在何能照先生之格物如磨鏡而使之明磨上用功明了後亦未嘗廢照

問道之精麤先生曰道無精麤人之所見有精

麤如這一間房人初進來只見一箇大規模如此處久便柱壁之類一一看得明白再久如柱上有些文藻細細都看出來然只是一間房

先生曰諸公近見時少疑問何也人不用功莫不自以爲已知爲學只循而行之是矣殊不知私欲日生如地上塵一日不掃便又有一層着實用功便見道無終窮愈探愈深必使

精白無一毫不徹方可

問知至然後可以言誠意今天理人欲知之未盡如何用得克己工夫先生曰人若眞實切己用功不已則於此心天理之精微日見一日私欲之細微亦日見一日若不用克己工夫終日只是說話而已天理終不自見私欲亦終不自見如人走路一般走得一段方認得一段走到歧路處有疑便問問了又走方

漸能到得欲到之處今人於已知之天理不肯存已知之人欲不肯去且只管愁不能盡知只管閒講何益之有且待克得自己無私可克方愁不能盡知亦未遲在

問道一而已古人論道往往不同求之亦有要乎先生曰道無方體不可執着卻拘滯於文義上求道遠矣如今人只說天其實何嘗見天謂日月風雷卽天不可謂人物草木不是

天亦不可道。即是天。若識得時。何莫而非道。人但各以其一隅之見認定以爲道止如此。所以不同。若解向裏尋求。見得自己心體。即無時無處不是此道。亙古亙今。無終無始。更有甚同異。心即道。道即天。知心則知道知天。又曰。諸君要實見此道。須從自己心上體認。不假外求始得。

問名物度數。亦須先講求否。先生曰。人只要成就自家心體則用在其中如養得心體果有未發之中自然有發而中節之和自然無施不可苟無自心雖預先講得世上許多名物度數與已原不相干只是裝綴臨時自行不去亦不是將名物度數全然不理只要知所先後則近道又曰人要隨才成就才是其所能爲如夔之樂稷之種是他資性合下便如此成就之者亦只是要他心體純乎天理其

運用處皆從天理上發來然後謂之才到得
純乎天理處亦能不器使夔稷易藝而爲當
亦能之又曰如素富貴行乎富貴素患難行
乎患難皆是不器此惟養得心體正者能之
與其爲數頃無源之塘水不若爲數尺有源之
井水生意不窮時先生在塘邊坐傍有井故
以之喻學云
問世道日降太古時氣象如何復見得先生曰

一日便是一元人平旦時起坐未與物接此心清明景象便如在伏羲時遊一般

問心要逐物如何則可先生曰人君端拱清穆六卿分職天下乃治心統五官亦要如此今眼要視時心便逐在色上耳要聽時心便逐在聲上如人君要選官時便自去坐在吏部要調軍時便自去坐在兵部如此豈惟失却君體六卿亦皆不得其職

善念發而知之而充之惡念發而知之而遏之知與充與遏者志也天聰明也聖人只有此學者當存此

澄曰好色好利好名等心固是私欲如閒思雜慮如何亦謂之私欲先生曰畢竟從好色好利好名等根上起自尋其根便見如汝心中決知是無有做劫盜的思慮何也以汝元無是心也汝若於貨色名利等心一切皆如不

做刼盜之心一般都消滅了光光只是心之本體看有甚閒思慮此便是寂然不動便是未發之中便是廓然太公自然感而遂通自然發而中節自然物來順應

問志至氣次先生曰志之所至氣亦至焉之謂非極至次貳之謂持其志則養氣在其中無暴其氣則亦持其志矣孟子救告子之偏故如此夾持說

問先儒曰聖人之道必降而自卑賢人之道則引而自高如何先生曰不然如此却乃僞也聖人如天天無往而非天三光之上天也九地之下亦天也天何嘗有降而自卑此所謂大而化之也賢人如山嶽守其高而已然百仞者不能引而爲千仞千仞者不能引而爲萬仞是賢人未嘗引而自高也引而自高則僞矣

問伊川謂不當於喜怒哀樂未發之前求中延平卻教學者看未發之前氣象何如先生曰皆是也伊川恐人於未發前討箇中把中做一物看如吾向所謂認氣定時做中故令只於涵養省察上用功延平恐人未便有下手處故令人時時刻刻求未發前氣象使之正目而視惟此傾耳而聽惟此即是戒慎不睹恐懼不聞的工夫皆古人不得已誘人之言

也

澄問喜怒哀樂之中和其全體常人固不能有如一件小事當喜怒者平時無有喜怒之心至其臨時亦能中節亦可謂之中和乎先生曰在一時一事固亦可謂之中和然未可謂之大本達道人性皆善中和是人人原有的豈可謂無但常人之心既有所昏蔽則其本體雖亦時時發見終是暫明暫滅非其全體

大用矣無所不中然後謂之大本無所不和然後謂之達道惟天下之至誠然後能立天下之大本曰澄於中字之義尚未明曰此須自心體認出來非言語所能喻中只是天理曰何者爲天理曰去得人欲便識天理曰天理何以謂之中曰無所偏倚曰無所偏倚是何等氣象曰如明鏡然全體瑩徹略無纖塵染着曰偏倚是有所染着如着在好色好利

好名等項上方見得偏倚若未發時美色名利皆未相著何以便知其有所偏倚曰雖未相著然平日好色好利好名之心原未嘗無既未嘗無即謂之有既謂之有則亦不可謂無偏倚譬之病瘧之人雖有時不發而病根原不曾除則亦不得謂之無病之人矣須是平日好色好利好名等項一應私心掃除蕩滌無復纖毫留滯而此心全體廓然純是天

理方可謂之喜怒哀樂未發之中方是天下之大本

問顏子没而聖學亡此語不能無疑先生曰見聖道之全者惟顏子觀喟然一嘆可見其謂夫子循循然善誘人博我以文約我以禮是見破後如此說博文約禮如何是善誘人學者須思之道之全體聖人亦難以語人須是學者自修自悟顏子雖欲從之末由也已即

文王望道未見意望道未見乃是眞見顔子

沒而聖學之正派遂不盡傳矣

問身之主爲心心之靈明是知知之發動是意

意之所著爲物是如此否先生曰亦是

只存得此心常見在便是學過去未來事思之

何益徒放心耳

言語無序亦足以見心之不存

尚謙問孟子之不動心與告子異先生曰告子

是硬把捉着此心要他不動孟子却是集義
到自然不動又曰心之本體原自不動心之
本體卽是性性卽是理性元不動理元不動
集義是復其心之本體
萬象森然時亦冲漠無朕冲漠無朕卽萬象森
然冲漠無朕者一之父萬象森然者精之母
一中有精精中有一
心外無物如吾心發一念孝親卽孝親便是物

先生曰今爲吾所謂格物之學者尚多流於口耳況爲口耳之學者能反於此乎天理人欲其精微必時時用力省察克治方日漸有見如今一說話之間雖只講天理不知心中倏忽之間已有多少私欲蓋有竊發而不知者雖用力察之尚不易見況徒口講而可得盡知乎今只管講天理來頓放着不循講人欲來頓放着不去豈格物致知之學後世之學

其極至只做得箇義襲而取的工夫

問格物先生曰格者正也正其不正以歸於正也

問知止者知至善只在吾心元不在外也而后志定曰然

問格物於動處用功否先生曰格物無間動靜靜亦物也孟子謂必有事焉是動靜皆有事工夫難處全在格物致知上此即誠意之事意

既誠大段心亦自正身亦自脩但正心脩身工夫亦各有用力處脩身是已發邊正心是未發邊心正則中身脩則和

自格物致知至平天下只是一箇明明德雖親民亦明德事也明德是此心之德即是仁仁者以天地萬物爲一體使有一物失所便是吾仁有未盡處

只説明明德而不説親民便似老佛

至善者性也性元無一毫之惡故曰至善止之是復其本然而已

問知至善即吾性吾性具吾心吾心乃至善所止之地則不爲向時之紛然外求而志定矣定則不擾擾而靜靜而不妄動則安安則一心一意只在此處千思萬想務求必得此至善是能慮而得矣如此說是否先生曰大略亦是

問程子云仁者以天地萬物爲一體何以墨氏兼
愛又不得謂之仁先生曰此亦甚難言須是
諸君自體認出來始得仁是造化生生不息
之理雖彌漫周遍無處不是然其流行發生
亦只有箇漸所以生生不息如冬至一陽生
必自一陽生而後漸漸至於六陽若無一陽
之生豈有六陽陰亦然惟其漸所以便有箇
發端處惟其有箇發端處所以生惟其生所

以不息譬之木其始抽芽便是木之生意發端處抽芽然後發幹發幹然後生枝生葉然後是生生不息若無芽何以有幹有枝葉能抽芽必是下面有箇根在有根方生無根便死無根何從抽芽父子兄弟之愛便是人心生意發端處如木之抽芽自此而仁民而愛物便是發幹生枝生葉墨氏兼愛無差等將自家父子兄弟與途人一般看便自沒了發

端處不抽芽便知得他無根便不是生生不息安得謂之仁孝弟爲仁之本却是仁理從裏面發生出來

問延平云當理而無私心當理與無私心如何分別先生曰心卽理也無私心卽是當理未當理便是私心若析心與理言之恐亦未善

又問釋氏於世間一切情欲之私都不染着似無私心但外棄人倫却似未當理曰亦只

是一統事都只是成就他一箇私巳的心

右門人陸澄錄

傳習錄上卷二終

傳習錄上卷三

侃問專涵養而不務講求將認欲作理則如之何先生曰人須是知學講求亦只是涵養不講求只是涵養之志不切曰何謂知學曰且道爲何而學學箇甚曰嘗聞先生教學是學存天理心之本體卽是天理體認天理只要自心地無私意曰如此則只須克去私意便是又愁甚理欲不明曰正恐這些私意認不

眞曰總是志未切志切目視耳聽皆在此安有認不眞的道理是非之心人皆有之不假外求講求亦只是體當自心所見不成去心外別有箇見

先生問在坐之友比來工夫何似一友舉虛明意思先生曰此是說光景一友叙今昔異同先生曰此是說效驗二友惘然請是先生曰吾輩今日用功只是要爲善之心眞切這箇

心真切見善卽遷有過卽改方是眞切工夫
如此則人欲日消天理日明若只管求光景
說效驗郤是助長外馳病痛不是工夫
朋友觀書多有摘議晦菴者先生曰是有心求
異卽不是吾說與晦菴時有不同者爲入門
下手處有毫釐千里之分不得不辯然吾之
心與晦菴之心未嘗異也若其餘文義解得
明當處如何動得一字

希淵問聖人可學而至然伯夷伊尹於孔子才力終不同其同謂之聖者安在先生曰聖人之所以爲聖只是其心純乎天理而無人欲之雜猶精金之所以爲精但以其成色足而無銅鉛之雜也人到純乎天理方是聖金到足色方是精然聖人之才力亦有大小不同猶金之分兩有輕重堯舜猶萬鎰文王孔子猶九千鎰禹湯武王猶七八千鎰伯夷伊尹

猶四五千鎰才力不同而純乎天理則同皆
可謂之精金以五千鎰者而入於萬鎰之中
其足色同也以夷尹而厠之堯孔之間其純
乎天理同也葢所以爲精金者在足色而不
在分兩所以爲聖者在純乎天理而不在才
力也故雖凡人而肯爲學使此心純乎天理
則亦可爲聖人猶一兩之金比之萬鎰分兩
雖懸絕而其到足色處可以無愧故曰人皆

可以爲堯舜者以此學者學聖人不過是去人欲而存天理耳猶鍊金而求其足色金之成色所爭不多則煆鍊之工省而功易成成色愈下則煆鍊愈難人之氣質清濁粹駁有中人以上中人以下其於道有生知安行學知利行其下者必須人一已百人十已千及其成功則一後世不知作聖之本是純乎天理却專去知識才能上求聖人以爲聖人無

所不知無所不能我須是將聖人許多知識才能逐一理會始得故不務去天理上着工夫徒獘精竭力從册子上鑽研名物上考索形迹上比擬知識愈廣而人欲愈滋才力愈多而天理愈蔽正如見人有萬鎰精金不務煅鍊成色求無愧於彼之精純而乃妄希分兩務同彼之萬鎰錫鉛銅鐵雜然而投分兩愈增而成色愈下既其稍末無復有金矣時

曰仁在傍曰先生此喻足以破世儒支離之惑大有功於後學先生又曰吾輩用功只求日減不求日增減得一分人欲便是復得一分天理何等輕快脫洒何等簡易

士德問曰格物之說如先生所教明白簡易人人見得文公聰明絕世於此反有未審何也先生曰文公精神氣魄大是他蚤年合下便要繼往開來故一向只就考索著述上用功

若先切已自修自然不暇及此到得德盛後
果憂道之不明如孔子退修六籍删繁就簡
開示來學亦大段不費甚考索文公蚤歲便
著許多書晚年方悔是倒做了士德曰晚年
之悔如謂向來定本之悞又謂雖讀得書何
益於吾事又謂此與守書籍泥言語全無交
涉是他到此方悔從前用功之錯方去切已
自修矣曰然此是文公不可及處他力量大

一悔便轉可惜不久即去世平日許多錯處皆不及改正

侃去花間草因曰天地間何善難培惡難去先生曰未培未去耳少間曰此等看善惡皆從軀殼起念便會錯侃未達曰天地生意花草一般何曾有善惡之分子欲觀花則以花爲善以草爲惡如欲用草時復以草爲善矣此等善惡皆由汝心好惡所生故知是錯曰然

則無善無惡乎曰無善無惡者理之靜有善
有惡者氣之動不動於氣卽無善無惡是謂
至善曰佛氏亦無善無惡何以異曰佛氏着
在無善無惡上便一切都不管不可以治天
下聖人無善無惡只是無有作好無有作惡
不動於氣然遵王之道會其有極便自一循
天理便有箇裁成輔相曰草旣非惡卽草不
宜去矣曰如此却是佛老意見草若有礙何

妨汝去曰如此又是作好作惡曰不作好惡非是全無好惡却是無知覺的人謂之不作者只是好惡一循於理不去又着一分意思如此即是不曾好惡一般曰去草如何是一循於理不着意思曰草有妨碍理亦宜去去之而已偶未即去亦不累心若着了一分意思即心體便有貽累便有許多動氣處曰然則善惡全不在物曰只在汝心循理便是善

動氣便是惡曰畢竟物無善惡曰在心如此在物亦然世儒惟不知此舍心逐物將格物之學錯看了終日馳求於外只做得箇義襲而取終身行不著習不察曰如好好色如惡惡臭則如何曰此正是一循於理是天理合如此本無私意作好作惡曰如好好色如惡惡臭安得非意曰却是誠意不是私意誠意只是循天理雖是循天理亦著不得一分意

故有所忿懥好樂則不得其正須是廓然太
公方是心之本體知此即知未發之中伯生
曰先生云草有妨礙理亦宜去緣何又是軀
殼起念曰此須汝心自體當汝要去草是甚
麼心周茂叔窗前草不除是甚麼心

先生謂學者曰爲學須得箇頭腦工夫方有着
落縱未能無間如舟之有舵一提便醒不然
雖從事於學只做箇義襲而取只是行不著

習不察非大本達道也又曰見得時橫說豎說皆是若於此處通彼處不通只是未見得

或問爲學以親故不免業舉之累先生曰以親之故而業舉爲累於學則治田以養其親者亦有累於學乎先正云惟患奪志但恐爲學之志不眞切耳

崇一問尋常意思多忙有事固忙無事亦忙何也先生曰天地氣機元無一息之停然有箇

主宰故不先不後不急不緩雖千變萬化而主宰常定人得此而生若主宰定時與天運一般不息雖酬酢萬變常是從容自在所謂天君泰然百體從令若無主宰便只是這氣奔放如何不忙

先生曰爲學大病在好名侃曰從前歲自謂此病已輕比來精察乃知全未豈必務外爲人只聞譽而喜聞毀而悶即是此病發來曰最

是名與實對務實之心重一分則務名之心輕一分全是務實之心即全無務名之心若務實之心如饑之求食渴之求飲安得更有工夫好名又曰疾没世而名不稱稱字去聲讀亦聲聞過情君子耻之之意實不稱名生猶可補没則無及矣四十五十而無聞是不聞道非無聲聞也孔子云是聞也非達也安肯以此望人

侃多悔先生曰悔悟是去病之藥然以改之爲貴若留滯於中則又因藥發病

德章曰聞先生以精金喻聖以分兩喻聖人之分量以鍛鍊喻學者之工夫最爲深切惟謂堯舜爲萬鎰孔子爲九千鎰疑未安先生曰此又是軀殼上起念故替聖人爭分兩若不從軀殼上起念即堯舜萬鎰不爲多孔子九千鎰不爲少堯舜萬鎰只是孔子的孔子九

千鎰只是堯舜的原無彼我所以謂之聖只
論精一不論多寡只要此心純乎天理處同
便同謂之聖若是力量氣魄如何盡同得後
儒只在分兩上較量所以流入功利若除去
了比較分兩的心各人儘着自已力量精神
只在此心純天理上用功卽人人自有箇箇
圓成便能大以成大小以成小不假外慕無
不具足此便是實實落落明善誠身的事後

儒不明聖學不知就自己心地良知良能上體認擴充却去求知其所不知求能其所不能一味只是希高慕大不知自己是桀紂心地動輒要做堯舜事業如何做得終年碌碌至於老死竟不知成就了箇甚麽可哀也已

侃問先儒以心之靜爲體心之動爲用如何先生曰心不可以動靜爲體用動靜時也即體而言用在體即用而言體在用是謂體用一

源若說靜可以見其體動可以見其用却不妨

問上智下愚如何不可移先生曰不是不可移只是不肯移

問子夏門人問交章先生曰子夏是言小子之交子張是言成人之交若善用之亦俱是

子仁問學而時習之不亦說乎先儒以學爲效先覺之所爲如何先生曰學是學去人欲存

天理從事於去人欲存天理則自正諸先覺考諸古訓自下許多問辨思索存省克治工夫然不過欲去此心之人欲存吾心之天理耳若曰效先覺之所爲則只說得學中一件事亦似專求諸外了時習者坐如尸非專習坐也坐時習此心也立如齋非專習立也立時習此心也說是理義之說我心之說人心本自說理義如目本說色耳本說聲惟爲人

欲所蔽所累始有不説今人欲日去則理義
日洽浹安得不説
國英問曾子三省雖切恐是未聞一貫時工夫
先生曰一貫是夫子見曾子未得用功之要
故告之學者果能忠恕上用功豈不是一貫
一如樹之根本貫如樹之枝葉未種根何枝
葉之可得體用一源體未立用安從生謂曾
子於其用處葢已隨事精察而力行之但未

知其體之一此恐未盡

黄誠甫問女與回也孰愈章先生曰子貢多學而識在聞見上用功顔子在心地上用功故聖人問以啓之而子貢所對又只在知見上故聖人嘆惜之非許之也

顔子不遷怒不貳過亦是有未發之中始能

種樹者必培其根種德者必養其心欲樹之長必於始生時删其繁枝欲德之盛必於始學

時去夫外好如外好詩文則精神日漸漏泄
在詩文上去凡百外好皆然又曰我此論學
是無中生有的工夫諸公須要信得及只是
立志學者一念爲善之志如樹之種但勿助
勿忘只管培植將去自然日夜滋長生氣日
完枝葉日茂樹初生時便抽繁枝亦須刊落
然後根榦能大初學時亦然故立志貴專一
因論先生之門某人在涵養上用功某人在識

見上用工先生曰專涵養者日見其不足專
識見者日見其有餘日不足者日有餘矣日
有餘者日不足矣

梁日孚問居敬窮理是兩事先生以爲一事何
如先生曰天地間只有此一事安有兩事若
論萬殊禮儀三百威儀三千又何止兩公且
道居敬是如何窮理是如何曰居敬是存養
工夫窮理是窮事物之理曰存養箇甚曰是

存養此心之天理曰如此亦只是窮理矣曰且道如何窮事物之理曰如事親便要窮孝之理事君便要窮忠之理曰忠與孝之理在君親身上在自己心上若在自己心上亦只是窮此心之理矣且道如何是敬曰只是主一如何是主一曰如讀書便一心在讀書上接事便一心在接事上曰如此則飲酒便一心在飲酒上好色便一心在好色上却是逐

物成甚居敬工夫日孚請問曰一者天理主一是一心在天理上若只知主一不知一即是理有事時便是逐物無事時便是着空惟其有事無事一心皆在天理上用功所以居敬亦即是窮理就窮理專一處說便謂之居敬就居敬精密處說便謂之窮理却不是居敬了別有箇心窮理窮理時別有箇心居敬名雖不同工夫只是一事就如易言敬以直

內義以方外敬即是無事時義義即是有事時敬兩句合說一件如孔子言脩巳以敬即不須言義孟子言集義即不須言敬會得時橫說竪說工夫總是一般若泥文逐句不識本領即支離決裂工夫都無下落問窮理何以即是盡性曰心之體性也性即理也窮仁之理直要仁極仁窮義之理直要義極義仁義只是吾性故窮理即是盡性如孟子說充

其惻隱之心至仁不可勝用這便是窮理工夫日孚曰先儒謂一草一木亦皆有理不可不察如何先生曰夫我則不暇公且先去理會自巳性情須能盡人之性然後能盡物之性日孚悚然有悟

惟乾問知如何是心之本體先生曰知是理之靈處就其主宰處說便謂之心就其禀賦處說便謂之性孩提之童無不知愛其親無不

知敬其兄只是這箇靈能不爲私欲遮隔充
拓得盡便完完是他本體便與天地合德自
聖人以下不能無蔽故須格物以致其知
守衡問大學工夫只是誠意誠意工夫只是格
物修齊治平只誠意盡矣又有正心之功有
所忿懥好樂則不得其正何也先生曰此要
自思得之知此則知未發之中矣守衡再三
請曰爲學工夫有淺深初時若不着實用意

去好善惡惡如何能爲善去惡這着實用意便是誠意然不知心之本體原無一物一向着意去好善惡惡便又多了這分意思便不是廓然太公書所謂無有作好作惡方是本體所以說有所忿懥好樂則不得其正正心只是誠意工夫裏面體當自家心體常要鑑空衡平這便是未發之中

正之問戒懼是巳所不知時工夫愼獨是巳所

獨知時工夫此說如何先生曰只是一箇工夫無事時固是獨知有事時亦是獨知人若不知於此獨知之地用力只在人所共知處用功便是作僞便是見君子而後厭然此獨知處便是誠的萌芽此處不論善念惡念更無虛假一是百是一錯百錯正是王覇義利誠僞善惡界頭於此一立立定便是端本澄源便是立誠古人許多誠身的工夫精神命

脉全體只在此處眞是莫見莫顯無時無處無終無始只是此箇工夫今若又分戒懼爲已所不知卽工夫便支離便有閒斷既戒懼卽是知已若不知是誰戒懼如此見解便要流入斷滅禪定曰不論善念惡念更無虛假則獨知之地更無無念時邪曰戒懼亦是念戒懼之念無時可息若戒懼之心稍有不存不是昏瞶便已流入惡念自朝至暮自少至

老若要無念即自己不知此除是昏睡除是槁木死灰

志道問荀子云養心莫善於誠先儒非之何也

先生曰此亦未可便以爲非誠字有以工夫說者誠是心之本體求復其本體便是思誠的工夫明道說以誠敬存之亦是此意大學欲正其心先誠其意荀子之言固多病然不可一例吹毛求疵大凡看人言語若先有箇

意見便有過當處爲富不仁之言孟子有取於陽虎此便見聖賢大公之心

蕭惠問己私難克奈何先生曰將汝己私來替汝克

先生曰人須有爲己之心方能克己能克己方能成己蕭惠曰惠亦頗有爲己之心不知緣何不能克己先生曰且説汝有爲己之心是如何惠良久曰惠亦一心要做好人便自謂

頗有爲巳之心今思之看來亦只是爲得箇
軀殻的巳不曾爲箇真巳先生曰真巳何曾
離着軀殻恐汝連那軀殻的巳也不曾爲且
道汝所謂軀殻的巳豈不是耳目口鼻四肢
惠曰正是爲此目便要色耳便要聲口便要
味四肢便要逸樂所以不能克先生曰美色
令人目盲美聲令人耳聾美味令人口爽馳
騁田獵令人發狂這都是害汝耳目口鼻四

肢的豈得是爲汝耳目口鼻四肢若爲着耳目口鼻四肢時便須思量耳如何聽目如何視口如何言四肢如何動必須非禮勿視聽言動方才誠得箇耳目口鼻四肢這箇才是爲着耳目口鼻四肢汝今終日向外馳求爲名爲利這都是爲着軀殼外面的物事汝若爲着耳目口鼻四肢要非禮勿視聽言動時豈是汝之耳目口鼻四肢自能勿視聽言動

須由汝心這視聽言動皆是汝心汝心之視發竅於目汝心之聽發竅於耳汝心之言發竅於口汝心之動發竅於四肢若無汝心便無耳目口鼻所謂汝心亦不專是那一團血肉若是那一團血肉如今已死的人那一團血肉還在緣何不能視聽言動所謂汝心却是那能視聽言動的這箇便是性便是天理有這箇性才能生這性之生理便謂之仁這

性之生理發在目便會視發在耳便會聽發在口便會言發在四肢便會動都只是那天理發生以其主宰一身故謂之心這心之本體原只是箇天理原無非禮這箇便是汝之眞己這箇眞己是軀殼的主宰若無眞己便無軀殼眞是有之卽生無之卽死汝若眞爲那箇軀殼的己必須用着這箇眞己便須常常保守着這箇眞己的本體戒慎不覩恐懼

不聞惟恐虧損了他一些才有一毫非禮萌
動便如刀割如針刺忍耐不過必須去了刀
拔了針這才是有爲巳之心方能克巳汝今
正是認賊作子緣何却說有爲巳之心不能
克巳
有一學者病目戚戚甚憂先生曰爾乃貴目賤
心
蕭惠好仙釋先生警之曰吾亦自幼篤志二氏

自謂既有所得謂儒者爲不足學其後居夷三載見得聖人之學若是其簡易廣大始自嘆悔錯用了三十年氣力大抵二氏之學其妙與聖人只有毫釐之間汝今所學乃其土苴輒自信自好若此眞鴟鴞竊腐鼠耳惠請問二氏之妙先生曰向汝說聖人之學簡易廣大汝卻不問我悟的只問我悔的惠慚謝請問聖人之學先生曰汝今只是了人事問

待汝辨箇眞要求爲聖人的心來與汝說惠
再三請先生曰已與汝一句道盡汝尚自不
會
劉觀時問未發之中是如何先生曰汝但戒愼
不覩恐懼不聞養得此心純是天理便自然
見觀時請畧示氣象先生曰啞子喫苦瓜與
你說不得你要知此苦還須你自喫時曰仁
在傍曰如此才是眞知即是行矣一時在座

諸友皆有省

蕭惠問死生之道先生曰知晝夜卽知死生問晝夜之道曰知晝則知夜曰晝亦有所不知乎先生曰汝能知晝懵懵而興蠢蠢而食行不著習不察終日昏昏只是夢晝惟息有養瞬有存此心惺惺明明天理無一息間斷才是能知晝這便是天德便是通乎晝夜之道而知更有甚麼死生

馬子莘問修道之教舊說謂聖人品節吾性之固有以爲法於天下若禮樂刑政之屬此意如何先生曰道卽性卽命本是完完全全增減不得不假修飾的何須要聖人品節却是不完全的物件禮樂刑政是治天下之法固亦可謂之教但不是子思本旨若如先儒之說下面由教入道的緣何舍了聖人禮樂刑政之教别說出一段戒愼恐懼工夫却是聖

人之教爲虛設矣子莘請問先生曰子思性道教皆從本原上說天命於人則命便謂之性率性而行則性便謂之道修道而學則道便謂之教率性是誠者事所謂自誠明謂之性也修道是誠之者事所謂自明誠謂之教也聖人率性而行卽是道聖人以下未能率性於道未免有過不及故須修道修道則賢知者不得而過愚不肖者不得而不及都要

循着這箇道則道便是箇教此教字與天道至教風雨霜露無非教也之教同修道字與修道以仁同人能修道然後能不違於道以復其性之本體則是亦聖人率性之道矣下面戒愼恐懼便是修道的工夫中和便是復其性之本體如易所謂窮理盡性以至於命中和位育便是盡性至命

黄誠甫問先儒以孔子告顔子爲邦之問是立

萬世常行之道如何先生曰顔子具體聖人其於爲邦的大本大原都已完備夫子平日知之已深到此都不必言只就制度文爲上說此等處亦不可忽略須要是如此方盡善又不可因自己本領是當了便於防範上踈濶須是要放鄭聲遠佞人葢顔子是箇克己向裏德上用心的人孔子恐其外面末節或有踈略故就他不足處幇補說若在他人須

告以爲政在人取人以身修身以道修道以
仁達道九經及誠身許多工夫方始做得這
箇方是萬世常行之道不然只去行了夏時
乘了殷輅服了周冕作了部舞天下便治得
後人但見顏子是孔門第一人又問箇爲邦
便把做天大事看了
蔡希淵問文公大學新本先格致而後誠意工
夫似與首章次第相合若如先生從舊本之

說卽誠意反在格致之前於此尚未釋然先生曰大學工夫卽是明明德明明德只是箇誠意誠意的工夫只是格物致知若以誠意爲主去用格物致知的工夫卽工夫始有下落卽爲善去惡無非是誠意的事如新本先去窮格事物之理卽泚泚蕩蕩都無着落處須用添箇敬字方才牽扯得向身心上來然終是沒根源若須用添箇敬字緣何孔門倒

將一箇最緊要的字落了直待千餘年後要
人來補出正謂以誠意爲主即不須添敬字
所以提出箇誠意來說正是學問的大頭腦
處於此不察眞所謂毫釐之差千里之繆大
抵中庸工夫只是誠身誠身之極便是至誠
大學工夫只是誠意誠意之極便是至善工
夫揔是一般今說這裏補箇敬字那裏補箇
誠字未免畫蛇添足

孟源有自是好名之病先生屢責之一日警責方已一友自陳日來工夫請正源從傍曰此方是尋着源舊時家當先生曰爾病又發源色變議擬欲有所辯先生曰爾病又發因喻之曰此是汝一生大病根譬如方丈地内種此一大樹雨露之滋土脉之力只滋養得這箇大根四傍縱要種些嘉穀上面被此樹葉遮覆下面被此樹根盤結如何生長得成須

用伐去此樹纖根勿留方可種植嘉種不然
任汝耕耘培壅只是滋養得此根
右門人薛侃錄

傳習錄上卷三終

傳習錄下卷一

答徐成之書

承以朱陸同異見詢學術不明於世久矣此正吾儕今日之所宜明辨者細觀來教則與庵之主象山既失而吾兄之主晦庵亦未爲得也是朱非陸天下之論定久矣久則難變也雖微吾兄之爭與庵亦豈能遽行其說乎故僕以爲二兄今日之論正不必求勝務求象山之所以非

晦庵之所以是窮本極源眞有以見其幾微得失於毫忽之間若明者之聽訟其事之曲者既有以辨其情之不得已而辭之直者復有以察其處之或未當使受罪者得以伸其情而獲伸者亦有所不得辭其責則有以盡夫事理之公即夫人心之安而可以俟聖人於百世矣今二兄之論乃若出於求勝者求勝則是動於氣也動於氣則於義理之正何啻千里而又何是非

之論乎凡論古人得失決不可以意度而懸斷之今與庵之論象山曰雖其專以尊德性爲主未免墮於禪學之虛空而其持守端實終不失爲聖人之徒若晦庵之一於道問學則支離決裂非復聖門誠意正心之學矣吾兄之論晦庵曰雖其專以道問學爲主未免失於俗學之支離而其循序漸進終不背於大學之訓若象山之一於尊德性則虛無寂滅非復大學格物致

知之學矣夫既曰尊德性則不可謂墮於禪學之虛空墮於禪學之虛空則不可謂之尊德性矣既曰道問學則不可謂失於俗學之支離失於俗學之支離則不可謂道問學矣二者之辯間不容髮然則二兄之論皆未免於意度也昔者子思之論學蓋不下千百言而括之以尊德性而道問學之一語即如二兄之辯一以尊德性爲主一以道問學爲事則是二者固皆未免

於一偏而是非之論尚未有所定也烏得各持一是而遽以相非爲乎故僕願二兄置心於公平正大之地無務求勝夫論學而務以求勝豈所謂尊德性乎豈所謂道問學乎以守仁所見非獨吾兄之非象山輿庵之非晦菴皆失之非而吾兄之是晦菴輿庵之是象山亦皆未得其所以是也稍暇當面悉姑務養心息辨毋遽

又

昨所奉答適有遠客酬對紛紜不暇細論姑願
二兄息未定之爭各反究其所是者必已所是
已無絲髮之憾而後可以及人之非蚤來承教
乃謂僕漫爲含胡兩解之說而細繹辭旨若有
以陰助輿庵而爲之地者讀之不覺失笑曾謂
吾兄而亦有是言邪僕嘗以爲君子論事當先
去其有我之私一動於有我則此心已陷於邪
僻雖所論盡合於理既已亡其本矣嘗以是言

於朋友之間今吾兄乃云爾敢不自反其始陷
於邪僻而弗覺也求之反復而昨者所論實未
嘗有是則斯言也無乃吾兄之過歟雖然無是
心而言之未盡於理未得爲無過也僕敢自謂
其言之已盡於理乎請舉二兄之所是者以求
正輿庵是象山而謂其專以尊德性爲主今觀
象山文集所載未嘗不教其徒讀書窮理而自
謂理會文字頗與人異者則其意實欲體之於

身其亟所稱述以誨人者曰居處恭執事敬與人忠曰克己復禮曰萬物皆備於我反身而誠樂莫大焉曰學問之道無他求其放心而已曰先立乎其大者而小者不能奪是數言者孔子孟軻之言也烏在其爲空虛者乎獨其易簡覺悟之說頗爲當時所疑然易簡之說出於繫辭覺悟之說雖有同於釋氏然釋氏之說亦自有同於吾儒而不害其爲異者惟在於幾微毫忽

之間而已亦何必諱於其同而遂不敢以言、抵於其異而遂不以察之乎是與庵之是象山固猶未盡其所以是也吾兒是晦庵而謂其專以道問學爲事然晦庵之言曰居敬窮理曰非存心無以致知曰君子之心常存敬畏雖不見聞亦不敢忽所以存天理之本然而不使離於須史之頃也、是其爲言雖未盡瑩、亦何嘗不以尊德性爲事、而又烏在其爲支離者乎、獨其平日

汲汲於訓解雖韓文楚辭陰符參同之屬亦必
爲之註釋考辨而論者遂疑其玩物又其心慮
恐學者之躐等而或失之於妄作使必先之以
格致而無不明然後有自以實之於誠正而無
所謬世之學者掛一漏萬求之愈繁而失之愈
遠至有弊力終身苦其難而卒無所入而遂議
其支離不知此乃後世學者之弊而當時晦庵
之自爲則亦豈至是乎是吾兄之是晦庵固猶

未盡其所以是明夫二兄之所信而是者既未盡其所以是則其所疑而非者亦豈必盡其所以非乎然而二兄往復之辨不能一反焉此僕之所以疑其或出於求勝也一有求勝之心則已失其學問之本而又何以論學爲哉此僕之所以惟願二兄之自反也安有所謂含胡兩解而陰爲輿庵之地者哉夫君子之論學要在得之於心衆皆以爲是苟求之心而未會焉未敢

以爲是也衆皆以爲非苟求之心而有契焉未敢以爲非也心也者吾所得於天之理也無間於天人無分於今古苟盡吾心以求焉則不中不遠矣學也者求以盡吾心也是故尊德性而道問學尊者尊此者也道者道此者也不得於心而惟外信於人以爲學烏在其爲學也已僕嘗以爲晦庵之與象山雖其所以爲學者若有不同而要皆不失爲聖人之徒今晦庵之學天

下之人童而習之旣已人人之深有不容於論辨者而獨惟象山之學則以其嘗與晦庵之有言而遂藩籬之使若由賜之殊科焉則可矣而遂擯放廢斥若碔砆之與美玉則豈不過甚矣乎夫晦庵折衷羣儒之說以發明六經語孟之旨於天下其嘉惠後學之心眞有不可得而議者而象山辨義利之分立大本求放心以示後學篤實爲己之道其功亦寧可得而盡誣之而

世之儒者附和雷同不究其實而槩目之以禪學則誠可冤也已故僕嘗欲冐天下之譏以爲象山一暴其說雖以此得罪無恨僕於晦庵亦有罔極之恩豈欲操戈而入室者顧晦庵之學既已若日星之章明於天下而象山獨蒙無實之誣于今且四百年莫有爲之一洗者使晦庵有知將亦不能一日而安享於廟廡之間矣此僕之至情終亦必爲吾兄一吐者亦何肯漫爲

兩解之說以陰助於輿庵輿庵之說僕猶恨其有未盡也夫學術者今古聖賢之學術天下之所公共非吾三人者所私有也天下之學術當爲天下公言之而豈獨爲輿庵地哉兄又舉太極之辨以爲象山於文義且有所未能通曉而其強辨自信曾何有於所養夫謂其文義之有未詳不害其爲有未詳也謂其所養之未至不害其爲未至也學未至於聖人寧免大過不及

之差乎而論者遂欲以是而蓋之則吾恐晦庵禪學之譏亦未免有激於不平也夫一則不審於文義一則有激於不平是皆所養之未至昔孔子大聖也而猶曰假我數年以學易可以無大過仲虺之贊成湯亦惟曰改過不吝而已所養之未至亦何傷於二先生之爲賢乎此正晦庵象山之氣象所以未及於顏子明道者在此吾儕正當仰其所以不可及而默識其所未至

者以爲涵養規切之方不當置偏私於其間而有所附會增損之也夫君子之過也如日月之食人皆見之更也人皆仰之而小人之過也必文世之學者以晦庵大儒不宜復有所謂過者而必曲爲隱飾增加務詆象山於禪學以求伸其說且自以爲有助於晦庵而更相倡引謂之扶持正論不知晦庵乃君子之過而吾反以小人之見而文之晦庵有聞過則喜之美而吾乃

非徒順之又從而爲之辭也晦庵之心以聖賢君子之學期後代而世之儒者事之以事小人之禮是何誣象山之厚而待晦庵之薄邪僕今者之論非獨爲象山惜實爲晦庵惜也兄視僕平日於晦庵何如哉而乃有是論是亦可以諒其爲心矣惟吾兄去世俗之見宏虛受之咸勿求其必同而察其所以異勿以無過爲聖賢之高而以改過爲聖賢之學勿以其有所未至者

爲聖賢之諱而以其常懷不滿者爲聖賢之心則兄與輿庵之論將有不待辨說而釋然以自解者孟子云君子亦仁而已何必同惟吾兄審擇而正之

南逢吉曰吉嘗以此書請問先生曰此書於格致誠正及尊德性而道問學處說得尚支離蓋當時亦就二君所見者將就調停說過細詳文義然猶未免分爲兩事也嘗見一友

問云朱子以存心致知爲二事今以道問學爲尊德性之功作一事如何先生云天命於我之謂性我得此性之謂德今要尊我之德性須是道問學如要尊孝之德性便須學問箇孝尊弟之德性便須學問箇弟學問箇孝便是尊孝之德性學問箇弟便是尊弟之德性不是尊德性之外別有道問學之功道問學之外別有尊德性之事也心之明覺處謂

之知知之存主處謂之心原非有二物存心便是致知致知便是存心亦非有二事曰存心恐是靜中存養意與道問學不同曰就是靜中存養還謂之學否若亦謂之學亦即是道問學矣觀者宜以此意求之

答羅整菴少宰書

守仁頓首啓昨承教大學發舟匆匆未能奉答曉來江行稍暇復取手教而讀之恐至贛後人

事復紛沓先具其畧以請來教云見道固難而體道尤難道誠未易明而學誠不可不講恐未可安於所見而遂以爲極則也幸甚幸甚何以得聞斯言乎其敢自以爲極則而安之乎正思就天下之有道以講明之耳而數年以來聞其說而非笑之者有矣詬訾之者有矣置之不足較量辨議之者有矣其肯遂以教我乎其肯遂以教我而反覆曉諭惻然惟恐不及救正之乎

然則天下之愛我者固莫有如執事之心深且至矣感激當何如哉夫德之不修學之不講孔子以爲憂而世之學者稍能傳習訓詁即皆自以爲知學不復有所謂講學之求可悲矣夫道必體而後見非已見道而後加體道之功也道必學而後明非外講學而復有所謂明道之事也然世之講學者有二有講之以身心者有講之以口耳者講之以口耳揣摸測度求之影響

者也講之以身心行著習察實有諸已者也知此則知孔門之學矣來教謂守仁大學古本之復以人之爲學但當求之於內而程朱格物之說不免求之於外遂去朱子之分章而削其所補之傳非敢然也學豈有內外乎大學古本乃孔門相傳舊本耳朱子疑其有所脱誤而改正補緝之在守仁則謂其本無脱誤悉從其舊而已矣失在於過信孔子則有之非故去朱子之

分章而削其傳也夫學貴得之心求之於心而
非也雖其言之出於孔子不敢以爲是也而况
其未及孔子者乎求之於心而是也雖其言之
出於庸常不敢以爲非也而况其出於孔子者
乎且舊本之傳數千載矣今讀其文詞既明白
而可通論其工夫又易簡而可入亦何所按據
而斷其此段之必在於彼彼段之必在於此與
此之如何而缺彼之如何而補而遂改正補緝

之無乃重於背朱而輕於叛孔已乎來教謂如必以學不資於外求但當反觀內省以爲務則正心誠意四字亦何不盡之有何必於入門之際便困以格物一段工夫也誠然誠然若語其要則修身二字亦足矣何必又言正心正心二字亦足矣何必又言誠意誠意二字亦足矣何必又言致知又言格物惟其工夫之詳密而要之只是一事此所以爲精一之學此正不可不

思者也夫理無内外性無内外故學無内外講習討論未嘗非内也反觀内省未嘗遺外也夫謂學必資於外求是以已性爲有外也是義外也用智者也謂反觀内省爲求之於内是以已性爲有内也是有我也自私者也是皆不知性之無内外也故曰精義入神以致用也利用安身以崇德也性之德也合内外之道也此可以知格物之學矣格物者大學之實下手處徹首

徹尾自始學至聖人只此工夫而已非但入門之際有此一段也夫正心誠意致知格物皆所以修身而格物者其所用力日可見之地故格物者格其心之物也格其意之物也格其知之物也正心者正其物之心也誠意者誠其物之意也致知者致其物之知也此豈有內外彼此之分哉理一而已以其理之凝聚而言則謂之性以其凝聚之主宰而言則謂之心以其主宰

之發動而言則謂之意以其發動之明覺而言則謂之知以其明覺之感應而言則謂之物故就物而言謂之格就知而言謂之致就意而言謂之誠就心而言謂之正正者正此也誠者誠此也致者致此也格者格此也皆所謂窮理以盡性也天下無性外之理無性外之物學之不明皆由世之儒者認理爲外認物爲外而不知義外之說孟子蓋嘗闢之乃至襲陷其內而不

免豈非亦有似是而難明者歟不可以不察也凡執事所以致疑於格物之說者必謂其是內而非外也必謂其專事於反觀內省之爲而遺棄其講習討論之功也必謂其一意於綱領本原之約而脫略於支條節目之詳也必謂其沉溺於枯槁虛寂之偏而不盡於物理人事之變也審如是豈但獲罪於聖門獲罪於朱子是邪說誣民叛道亂正人得而誅之也而況於執事

之正直哉審如是世之稍明訓詁聞先哲之緒論者皆知其非也而況執事之高明哉凡守仁之所謂格物其於朱子九條之說皆包羅統括於其中但爲之有要作用不同正所謂毫釐之差耳然毫釐之差而千里之謬實起於此不可不辯孟子闢楊墨至於無父無君二子亦當時之賢者使與孟子並世而生未必不以之爲賢墨子兼愛行仁而過耳楊子爲我行義而過耳

此其爲說亦豈滅理亂常之甚而足以眩天下哉而其流之弊孟子至比於禽獸夷狄所謂以學術殺天下後世也今世學術之弊其謂之學仁而過者乎謂之學義而過者乎抑謂之學不仁不義而過者乎吾不知其於洪水猛獸何如也孟子云予豈好辯哉予不得已也楊墨之道塞天下孟子之時天下之尊信楊墨當不下於今日之崇尚朱說而孟子獨以一人呶呶於其

間噫可哀矣韓氏云佛老之害甚於楊墨韓愈之賢不及孟子孟子不能救之於未壞之先而韓愈乃欲全之於已壞之後其亦不量其力且見其身之危莫之救以死也嗚呼若守仁者其尤不量其力果見其身之危莫之救以死也矣夫衆方嘻嘻之中而獨出涕嗟若舉世恬然以趨而獨疾首蹙額以爲憂此其非病狂喪心殆必誠有大苦者隱於其中而非天下之至仁其

孰能察之其爲朱子晚年定論蓋亦不得已而然中間年歲蚤晚誠有所未考雖不必盡出於晚年固多出於晚年者矣然大意在委曲調停以明此學爲重平生於朱子之說如神明蓍龜一旦與之背馳心誠有所未忍故不得已而爲此知我者謂我心憂不知我者謂我何求蓋不忍牴牾朱子者其本心也不得已而與之牴牾者道固如是不直則道不見也執事所謂决與

朱子異者僕敢自欺其心哉夫道天下之公道
也學天下之公學也非朱子可得而私也非孔
子可得而私也天下之公也公言之而已矣故
言之而是雖異於己乃益於己也言之而非雖
同於己適損於己也益於己者己必喜之損於
己者己必惡之然則守仁今日之論雖或與朱
子異未必非其所喜也君子之過如日月之食
其更也人皆仰之而小人之過也必文守仁雖

不肖固不敢以小人之心事朱子也執事所以
教反覆數百言皆以未悉鄙人格物之說若鄙
說一明則此數百言皆可以不待辨說而釋然
無滯故今不敢縷縷以滋瑣屑之瀆然鄙說非
面陳口析斷亦未能了了於紙筆間也嗟乎執
事所以開導啓迪於我者可謂懇到詳切矣人
之愛我寧有如執事者乎僕雖甚愚下寧不知
所感刻佩服然而不敢遽舍其中心之誠然而

姑以聽受云者正不敢有負於深愛亦思有以
報之耳秋盡東還必求一面以卒所請千萬終
教

傳習錄下卷一　終

傳習錄下卷二

答人論學書

來書云近時學者務外遺內博而寡要故先生特倡誠意一義針砭膏肓誠大惠也

吾子洞見時弊如此矣亦將何以救之乎然則鄙人之心吾子固已一句道盡復何言哉復何言哉若誠意之說自是聖門教人用功第一義但近世學者乃作第二義看故稍與提掇緊要

出來非鄙人所能特倡也

來書云但恐立說太高用功太捷後生師傳影響謬誤未免墮於佛氏明心見性定慧頓悟之機無惟聞者見疑

區區格致誠正之說是就學者本心日用事爲間體究踐履實地用功是多少次第多少積累在正與空虛頓悟之說相反聞者本無求爲聖人之志又未嘗講究其詳遂以見疑亦無足怪

若吾子之高明自當一語之下便瞭然矣乃亦謂立說太高用功太捷何邪

來書云所喻知行並進不宜分别前後即中庸尊德性而道問學之功交養互發内外本末一以貫之之道然工夫次第不能無先後之差如知食乃食知湯乃飲知衣乃服知路乃行未有不見是物先有是事此亦毫釐倏忽之間非謂有等今日知之而明日乃行也

既云交養互發內外本末一以貫之則知行並進之說無復可疑矣又云工夫次第不能不無先後之差無乃自相矛盾已乎知食乃食等說此尤明白易見但吾子爲近聞障蔽自不察耳夫人必有欲食之心然後知食欲食之心卽是意卽是行之始矣食味之美惡必待入口而後知豈有不待入口而已先知食味之美惡者邪必有欲行之心然後知路欲行之心卽是意卽

是行之始矣路岐之險夷必待身親履歷而後知豈有不待身親履歷而已先知路岐之險夷者邪知湯乃飲知衣乃服以此例之皆無可疑若如吾子之喻是乃所謂不見是物而先有是事者矣吾子又謂此亦毫釐倏忽之間非謂截然有等今日知之而明日乃行也是亦察之尚有未精然就如吾子之說則知行之爲合一並進亦自斷無可疑矣

來書云眞知卽所以爲行不行不足謂之知此爲學者喫緊立教俾務躬行則可若眞謂行卽是知恐其專求本心遂遺物理必有闇而不達之處抑豈聖門知行並進之成法哉

知之眞切篤實處卽是行行之明覺精察處卽是知知行工夫本不可離只爲後世學者分作兩截用功失却知行本體故有合一並進之說眞知卽所以爲行不行不足謂之知卽如來書

所云知食乃食等說可見前已略言之矣此雖喫緊救弊而發然知行之體本來如是非以己意抑揚其間姑爲是說以苟一時之效者也專求本心遂遺物理此蓋失其本心者也夫物理不外於吾心外吾心而求物理無物理矣遺物理而求吾心吾心又何物邪心之體性也性即理也故有孝親之心即有孝之理無孝親之心即無孝之理矣有忠君之心即有忠之理無忠

君之心即無忠之理矣理豈外於吾心邪晦菴謂人之所以爲學者心與理而已心雖主乎一身而實管乎天下之理理雖散在萬事而實不外乎一人之心是其一分一合之間而未免已啓學者心理爲二之弊此後世所以有專求本心遂遺物理之患正由不知心即理耳夫外心以求物理是以有闇而不達之處此告子義外之說孟子所以謂之不知義也心一而已以其

全體惻怛而言謂之仁以其得宜而言謂之義以其條理而言謂之理不可外心以求仁不可外心以求義獨可外心以求理乎外心以求理此知行之所以二也求理於吾心此聖門知行合一之教吾子又何疑乎

來書云所釋大學古本謂致其本體之知此固孟子盡心之旨朱子亦以虛靈知覺爲此心之量然盡心由於知性致知在於格物

盡心由於知性致知在於格物此語然矣然而推本吾子之意則其所以為是語者尚有未明也朱子以盡心知性知天為格物知致以存心養性事天為誠意正心修身以殀壽不貳修身以俟為知至仁盡聖人之事若鄙人之見則與朱子正相反矣夫盡心知性知天者生知安行聖人之事也存心養性事天者學知利行賢人之事也殀壽不貳修身以俟者困知勉行學者

之事也豈可專以盡心知性爲知存心養性爲
行乎吾子驟聞此言必又以爲大駭矣然其間
實無可疑者一爲吾子言之夫心之體性也性
之原天也能盡其心是能盡其性矣中庸云惟
天下至誠爲能盡其性又云知天地之化育質
諸鬼神而無疑知天也此惟聖人而後能然故
曰此生知安行聖人之事也存其心者未能盡
其心者也故須加存之之功必存之既久不待

於存而自無不存然後可以進而言盡蓋知天之知如知州知縣之知知州則一州之事皆巳事也知縣則一縣之事皆巳事也是與天爲一者也事天則如子之事父臣之事君猶與天爲二也天之所以命於我者心也性也吾但存之而不敢失養之而不敢害如父母全而生之子全而歸之者也故曰此學知利行賢人之事也至於殀壽不貳則與存其心者又有間矣存其

心者雖未能盡其心固已一心於爲善時有不存則存之而已今使之殀壽不貳是猶以殀壽貳其心者也猶以殀壽貳其心是其爲善之心猶未能一也存之尚有所未可而何盡之可云乎今且使之不以殀壽貳其爲善之心若曰死生殀壽皆有定命吾但一心於爲善修吾之身以俟天命而已是其平日尚未知有天命也事天雖與天爲二然已眞知天命之所在但惟恭

敬奉承之而已焉若俟之云者則尚未能眞知天命之所在猶有所俟者也故曰所以立命立者創立之立如立德立言立功立名之類凡言立者皆是昔未嘗有而今始建立之謂孔子所謂不知命無以爲君子者也故曰此困知勉行學者之事也今以盡心知性知天爲格物致知使初學之士尚未能不貳其心者而遽責之以聖人生知安行之事如捕風捉影茫然莫知所

措其心幾何而不至於率天下而路也今世致
知格物之弊亦居然可見矣吾子所謂務外遺
內博而寡要者無乃亦是過歟此學問最緊要
處於此而差將無往而不差矣此鄙人之所以
冐天下之非笑忘其身之陷於罪戮呶呶其言
有不容已者也

來書云聞語學者乃謂卽物窮理之說亦是
玩物喪志又取其厭繁就約涵養本原數說

標示學者指爲晚年定論此亦恐非

朱子所謂格物云者在卽物而窮其理也卽物窮理是就事事物物上求其所謂定理者也是以吾心而求理於事事物物之中析心與理而爲二矣夫求理於事事物物者如求孝之理於其親之謂也求孝之理於其親則孝之理其果在於吾之心邪抑果在於親之身邪假而果在於親之身則親沒之後吾心遂無孝之理歟見

孺子之入井必有惻隱之理是惻隱之理果在於孺子之身歟抑在於吾心之良知歟其或不可以從之於井歟其或可以手而援之歟是皆所謂理也是果在於孺子之身歟抑果出於吾心之良知歟以是例之萬事萬物之理莫不皆然是可以知析心與理爲二之非矣夫析心與理而爲二此告子義外之說孟子之所深闢也務外遺內博而寡要吾子既已知之矣是果何

謂而然哉謂之玩物喪志尚猶以爲不可歟若鄙人所謂致知格物者致吾心之良知於事事物物也吾心之良知即所謂天理也致吾心良知之天理於事事物物則事事物物皆得其理矣致吾心之良知者致知也事事物物皆得其理者格物也是合心與理而爲一者也合心與理而爲一則凡區區前之所云與朱子晚年之論皆可以不言而喻矣

來書云人之心體本無不明而氣拘物蔽鮮有不蔽非學問思辨以明天下之理則善惡之機眞妄之辨不能自覺任情恣意其害有不可勝言者矣

此段大略似是而非蓋承沿舊說之弊不可以不辯也夫問思辨行皆所以爲學未有學而不行者也如言學孝則必服勞奉養躬行孝道而後謂之學豈徒懸空口耳講說而遂可以謂之

學孝乎學射則必張弓挾矢引滿中的學書則必伸紙執筆操觚染翰盡天下之學無有不行而可以言學者則學之始固已即是行矣篤者敦實篤厚之意已行矣而敦篤其行不息其功之謂爾蓋學之不能以無疑則有問問即學也即行也又不能無疑則有思思即學也即行也又不能無疑則有辨辨即學也即行也辨既明矣思既慎矣問既審矣學既能矣又從而不息

其功焉斯之謂篤行非謂學問思辨之後而始措之於行也是故以求能其事而言謂之學以求解其惑而言謂之問以求通其理而言謂之思以求精其察而言謂之辨以求履其實而言謂之行葢析其功而言則有五合其事而言則一而已此區區心理合一之體知行並進之功所以異於後世之說者正在於是今吾子特舉學問思辨以窮天下之理而不及篤行是專以

學問思辨爲知而謂窮理爲無行也巳天下豈有不行而學者邪豈有不行而遂可謂之窮理者邪明道云只窮理便盡性至命故必仁極仁而後謂之能窮仁之理義極義而後謂之能窮義之理仁極仁則盡仁之性矣義極義則盡義之性矣學至於窮理至矣而尚未措之於行天下寧有是邪是故知不行之不可以爲學則知不行之不可以爲窮理矣知不行之不可以爲

窮理則知知行之合一並進而不可以分爲兩節事矣夫萬事萬物之理不外於吾心而必曰窮天下之理是殆以吾心之良知爲未足而必外求於天下之廣以裨補增益之是猶析心與理而爲二也夫學問思辨篤行之功雖其困勉至於人一已百而擴充之極至於盡性知天亦不過致吾心之良知而已良知之外豈復有加於毫末乎今必曰窮天下之理而不知反求諸

其心則凡所謂善惡之機眞妄之辨者舍吾心之良知亦將何所致其體察乎吾子所謂氣拘物蔽者拘此蔽此而已今欲去此之蔽不知致力於此而欲以外求是猶目之不明者不務服藥調理以治其目而徒倀倀然求明於其外明豈可以自外而得哉任情恣意之害亦以不能精察天理於此心之良知而已此誠毫釐千里之謬者不容於不辯吾子毋謂其論之太刻也

來書云教人以致知明德而戒其卽物窮理
誠使昏闇之士深居端坐不聞教告遂能至
於知致而德明乎縱令靜而有覺稍悟本性
則亦定慧無用之見果能知古今達事變而
致用於天下國家之實否乎其曰知者意之
體物者意之用格物如格君心之非之格語
雖超悟獨得不踵陳見抑恐於道未相脗合
區區論致知格物正所以窮理未嘗戒人窮理

使之深居端坐而一無所事也若謂即物窮理如前所云務外而遺內者則有所不可耳昏闇之士果能隨事隨物精察此心之天理以致其本然之良知則雖愚必明雖柔必強大本立而達道行九經之屬可一以貫之而無遺矣尚何患其無致用之實乎彼頑空虛靜之徒正惟不能隨事隨物精察此心之天理以致其本然之良知而遺棄倫理寂滅虛無以爲常是以要之

不可以治家國天下孰謂聖人窮理盡性之學而亦有是弊哉心者身之主也而心之虛靈明覺即所謂本然之良知也其虛靈明覺之良知應感而動者謂之意有知而後有意無知則無意矣知非意之體乎意之所用必有其物物即事也如意用於事親即事親爲一物意用於治民即治民爲一物意用於讀書即讀書爲一物意用於聽訟即聽訟爲一物凡意之所用無有

無物者有是意即有是物無是意即無是物矣
物非意之用乎格字之義有以至字訓者如格
于文祖有苗來格是以至訓者也然格於文祖
必純孝誠敬幽明之間無一不得其理而後謂
之格有苗之頑實以文德誕敷而後格則亦兼
有正字之義在其間未可專以至字盡之也如
格其非心大臣格君心之非之類是則一皆正
其不正以歸於正之義而不可以至字爲訓矣

且大學格物之訓又安知其不以正字爲訓而必以至字爲義乎如以至字爲義者必曰窮至事物之理而後其說始通是其用功之要全在一窮字用力之地全在一理字也若上去一窮下去一理字而直曰致知在至物其可通乎夫窮理盡性聖人之成訓見於繫辭者也苟格物之說而果卽窮理之義則聖人何不直曰致知在窮理而必爲此轉折不完之語以啓後世之

弊邪蓋大學格物之說自與繫辭窮理大旨雖同而微有分辨窮理者兼格致誠正而爲功也故言窮理則格致誠正之功皆在其中言格物則必兼舉致知誠意正心而後其功始備而密今偏舉格物而遂謂之窮理此所以專以窮理屬知而謂格物未嘗有行非惟不得格物之旨幷窮理之義而失之矣此後世之學所以析知行爲先後兩截日以支離決裂而聖學益以殘

晦者其端實始於此吾子蓋亦未免承沿積習則見以爲於道未相脗合不爲過矣

來書云謂致知之功將如何爲溫凊如何爲奉養卽是誠意非別有所謂格物此亦恐非

此乃吾子自以己意揣度鄙見而爲是說非鄙人之所以告吾子者矣若果如吾子之言寧復有可通乎蓋鄙人之見則謂意欲溫凊意欲奉養者所謂意也而未可謂之誠意必實行其溫

凊奉養之意務求自慊而無自欺然後謂之誠意知如何而爲溫凊之節知如何而爲奉養之宜者所謂知也而未可謂之致知必致其知如何爲溫凊之節者之知而實以之溫凊致其知如何爲奉養之宜者之知而實以之奉養然後謂之致知溫凊之事奉養之事所謂物也而未可謂之格物必其於溫凊之事也一如其良知之所知當如何爲溫凊之節者而爲之無一毫

之不盡於奉養之事也一如其良知之所知當如何爲奉養之宜者而爲之無一毫之不盡然後謂之格物物溫凊之物格然後知溫凊之良知始致奉養之物格然後知奉養之良知始致故曰物格而後知至致其知溫凊之良知而後溫凊之意始誠致其知奉養之良知而後奉養之意始誠故曰知至而後意誠此區區誠意致知格物之說蓋如此吾子更熟思之將亦無可疑

者矣

來書云：道之大端易於明白，所謂良知良能，愚夫愚婦可與及者；至於節目時變之詳，毫釐千里之謬，必待學而後知。今語孝於溫凊定省，孰不知之？至於舜之不告而娶，武之不葬而興師，養志養口，小杖大杖，割股廬墓等事，處常處變，過與不及之間，必須討論是非，以爲制事之本，然後心體無蔽，臨事無失。

道之大端易於明白此語誠然顧後之學者忽其易於明白者而弗由而求其難於明白者以爲學此其所以道在邇而求諸遠事在易而求諸難也孟子云夫道若大路然豈難知哉人病不由耳良知良能愚夫愚婦與聖人同但惟聖人能致其良知而愚夫愚婦不能致此聖愚之所由分也節目時變聖人夫豈不知但不專以此爲學而其所謂學者正惟致其良知以精察

此心之天理而與後世之學不同耳吾子未暇良知之致而汲汲焉顧是之憂此正求其難於明白者以爲學之弊也夫良知之於節目時變猶規矩尺度之於方圓長短也節目時變之不可預定猶方圓長短之不可勝窮也故規矩誠立則不可欺以方圓而天下之方圓不可勝用矣尺度誠陳則不可欺以長短而天下之長短不可勝用矣良知誠致則不可欺以節目時變

而天下之節目時變不可勝應矣毫釐千里之謬不於吾心良知一念之微而察之亦將何所用其學乎是不以規矩而欲定天下之方圓不以尺度而欲盡天下之長短吾見其乖張謬戾日勞而無成也已吾子謂語孝於溫凊定省孰不知之然而能致其知者鮮矣若謂粗知溫凊定省之儀節而遂謂之能致其知則凡知君之當仁者皆可謂之能致其仁之知知臣之當忠

者皆可謂之能致其忠之知則天下孰非致知者耶以是而言可以知致知之必在於行而不行之不可以爲致知也明矣知行合一之體不益較然矣乎夫舜之不告而娶豈舜之前已有不告而娶者爲之準則故舜得以考之何典問諸何人而爲此邪抑亦求諸其心一念之良知權輕重之宜不得已而爲此邪武之不葬而興師豈武之前已有不葬而興師者爲之準則故

武得以考之何典問諸何人而爲此邪抑亦求諸其心一念之良知權輕重之宜不得已而爲此邪使舜之心而非誠於爲無後武之心而非誠於爲救民則其不告而娶與不葬而興師乃不孝不忠之大者而後之人不務致其良知以精察義理於此心感應酬酢之間顧欲懸空討論此等變常之事執之以爲制事之本以求臨事之無失其亦遠矣其餘數端皆可類推則古

人致知之學從可知矣

來書云謂大學格物之說專求本心猶可牽合至於六經四書所載多聞多見前言往行好古敏求博學審問溫故知新博學詳說好問好察是皆明白求於事爲之際資於論說之間者用功節目固不容紊矣

格物之義前已詳悉牽合之疑想已不俟復解矣至於多聞多見乃孔子因子張之務外好高

徒欲以多聞多見爲學而不能求諸其心以闕疑殆此其言行所以不免於尤悔而所謂見聞者適以資其務外好高而已蓋所以救子張多聞多見之病而非以是教之爲學也夫子嘗曰蓋有不知而作之者我無是也是猶孟子是非之心人皆有之之義也此言正所以明德性之良知非由於聞見耳若曰多聞擇其善者而從之多見而識之則是專求諸見聞之末而已落

在第二義矣故曰知之次也夫以見聞之知爲次則所謂知之上者果安所指乎是可以窺聖門致知用力之地矣夫子謂子貢曰賜也汝以予爲多學而識之者歟非也予一以貫之使誠在於多學而識則夫子胡乃謬爲是說以欺子貢者邪一以貫之非致其良知而何易曰君子多識前言往行以畜其德夫以畜其德爲心則凡多識前言往行者孰非畜德之事此正知行

合一之功矣好古敏求者好古人之學而敏求此心之理耳心卽理也學者學此心也求者求此心也孟子云學問之道無他求其放心而已矣非若後世廣記博誦古人之言詞以爲好古而汲汲然惟以求功名利達之具於其外者也博學審問前言已盡溫故知新朱子亦以溫故屬之尊德性矣德性豈可以外求哉惟夫知新必由於溫故而溫故乃可以知新則亦可以驗

知行之非兩節矣博學而詳說之者將以反說約也若無反約之云則博學詳說者果何事邪舜之好問好察惟以用中而致其精一於道心耳道心者良知之謂也君子之學何嘗離去事爲而廢論說但其從事於事爲論說者要皆知行合一之功正所以致其本心之良知而非若世之徒事口耳談說以爲知者分知行爲兩事而果有節目先後之可言也

來書云楊墨之爲仁義鄉愿之亂忠信堯舜子之之禪讓湯武楚項之放伐周公莽操之攝輔謾無印正又焉適從且於古今事變禮樂名物未嘗考識使國家欲興明堂建辟雍制曆律草封禪又將何所致其用乎故論語曰生而知之者義理耳若夫禮樂名物古今事變亦必待學而後有以驗其行事之實此則可謂定論矣

所喻楊墨鄉愿堯舜子之湯武楚項周公莽操之辨與前舜武之論大略可以類推古今事變之疑前於良知之說已有規矩尺度之喻當亦無俟多贅矣至於明堂辟雍諸事似尚未容於無言者然其說甚長姑就吾子之言而取正焉則吾子之惑將亦可以少釋矣夫明堂辟雍之制始見於呂氏之月令漢儒之訓疏六經四書之中未嘗詳及也豈呂氏漢儒之知乃賢於三

代之賢聖乎齊宣之時明堂尚有未毀則幽厲之世周之明堂皆無恙也堯舜茅茨土階明堂之制未必備而不害其爲治幽厲之明堂固猶文武成康之舊而無救於其亂何邪豈能以不忍人之心而行不忍人之政則雖茅茨土階固亦明堂也以幽厲之心而行幽厲之政則雖明堂亦暴政所自出之地邪武帝肇講於漢而武后盛作於唐其治亂何如邪天子之學曰辟雍

諸侯之學曰泮宮皆象地形而爲之名耳然三代之學其要皆所以明人倫非以璧不璧泮不泮爲重輕也孔子云人而不仁如禮何人而不仁如樂何制禮作樂必具中和之德聲爲律而身爲度者然後可以語此若夫器數之末樂工之事祝史之守故曾子曰君子所貴乎道者三籩豆之事則有司存也堯命羲和欽若昊天曆象日月星辰其重在於敬授人時也舜在璿璣

玉衡其重在於以齊七政也是皆汲汲然以仁民之心而行其養民之政治曆明時之本固在於此也羲和曆數之學皐契未必能之也禹稷未必能之也堯舜之知而不徧物雖堯舜亦未必能之也然至於今循羲和之法而世修之雖曲知小慧之人星術淺陋之士亦能推步占候而無所惑則是後世曲知小慧之人反賢於禹稷堯舜者邪封禪之説尤爲不經是乃後世佞

人諛士所以求媚於其上倡爲誇侈以蕩君心而靡國費蓋欺天罔人無恥之大者君子之所不道司馬相如之所以見譏於天下後世也吾子乃以是爲儒者所宜學殆亦未之思邪夫聖人之所以爲聖者以其生而知之也而釋論語者曰生而知之者義理耳若夫禮樂名物古今事變亦必待學而後有以驗其行事之實夫禮樂名物之類果有關於作聖之功也而聖人亦

必待學而後能知焉則是聖人亦不可以謂之生知矣謂聖人爲生知者專指義理而言而不以禮樂名物之類則是禮樂名物之類無關於作聖之功矣聖人之所以謂之生知者專指義理而不以禮樂名物之類則是學而知之者亦惟當學知此義理而已困而知之者亦惟當困知此義理而已今學者之學聖人於聖人之所能知者未能學而知之而顧汲汲焉求知聖人

之所不能知者以為學無乃失其所以希聖之方歟凡此皆就吾子之所惑者而稍為之分釋未及乎拔本塞源之論也夫拔本塞源之論不明於天下則天下之學聖人者將日繁日難斯人淪於禽獸夷狄而猶自以為聖人之學吾之說雖或蹔明於一時終將凍解於西而冰堅於東霧釋於前而雲滃於後呶呶焉危困以死而卒無救於天下之分毫也已夫聖人之心以天

地萬物爲一體其視天下之人無外内遠近凡
有血氣皆其昆弟赤子之親莫不欲安全而教
養之以遂其萬物一體之念天下之人心其始
亦非有異於聖人也特其間於有我之私隔於
物欲之蔽大者以小通者以塞人各有心至有
視其父子兄弟如仇讎者聖人有憂之是以推
其天地萬物一體之仁以教天下使之皆有以
克其私去其蔽以復其心體之同然其教之大

端則堯舜禹之相授受所謂道心惟微惟精惟一允執厥中而其節目則舜之命契所謂父子有親君臣有義夫婦有別長幼有序朋友有信五者而已唐虞三代之世教者惟以此爲教而學者惟以此爲學當是之時人無異見家無異習安此者謂之聖勉此者謂之賢而背此者雖其啓明如朱亦謂之不肖下至閭井田野農工商賈之賤莫不皆有是學而惟以成其德行爲

務何者無有聞見之雜記誦之煩辭章之靡濫
功利之馳逐而但使之孝其親弟其長信其朋
友以復其心體之同然是蓋性分之所固有而
非有假於外者則人亦孰不能之乎學校之中
惟以成德為事而才能之異或有長於禮樂長
於政教長於水土播植者則就其成德而因使
益精其能於學校之中迨夫舉德而任則使之
終身居其職而不易用之者惟知同心一德以

其安天下之民視才之稱否而不以崇卑爲輕重勞逸爲美惡效用者亦惟知同心一德以共安天下之民苟當其能則終身處於煩劇而不以爲勞安於卑瑣而不以爲賤當是之時天下之人熙熙皥皥皆相視如一家之親其才質之下者則安其農工商賈之分各勤其業以相生相養而無有乎希高慕外之心其才能之異若皐夔稷契者則出而各效其能若一家之務或

營其衣食或通其有無或備其器用集謀并力以求遂其仰事俯育之願惟恐當其事者之或怠而重己之累也故稷勤其稼而不耻其不知教視契之善教即己之善教也夔司其樂而不耻於不明禮視夷之通禮即己之通禮也蓋其心學純明而有以全其萬物一體之仁故其精神流貫志氣通達而無有乎人己之分物我之間譬之一人之身目視耳聽手持足行以濟一

身之用目不恥其無聰而耳之所涉目必營焉足不恥其無執而手之所探足必前焉蓋其元氣充周血脈條暢是以痒痾呼吸感觸神應有不言而喻之妙此聖人之學所以至易至簡易知易從學易能而才易成者正以大端惟在復心體之同然而知識技能非所與論也三代之衰王道熄而霸術焻孔孟既沒聖學晦而邪說橫教者不復以此爲教而學者不復以此爲學

覇者之徒竊取先王之近似者假之於外以內濟其私己之欲天下靡然而宗之聖人之道遂以蕪塞相倣相效日求所以富强之說傾詐之謀攻伐之計一切欺天罔人苟一時之得以獵取聲利之術若管商蘇張之屬者至不可名數既其久也鬬爭劫奪不勝其禍斯人淪於禽獸夷狄而覇術亦有所不能行矣世之儒者慨然悲傷蒐獵先聖王之典章法制而掇拾修補於

猥燼之餘蓋其爲心良亦欲以挽回先王之道聖學既遠霸術之傳積漬已深雖在賢知皆不免於習染其所以講明修飾以求宣暢光復於世者僅足以增霸者之藩籬而聖學之門墻遂不復可睹於是乎有訓詁之學而傳之以爲名有記誦之學而言之以爲博有詞章之學而侈之以爲麗若是者紛紛籍籍羣起角立於天下又不知其幾家萬徑千蹊莫知所適世之學者

如入百戲之場讙謔跳踉騁奇鬬巧獻笑爭妍者四面而競出前瞻後盼應接不遑而耳目眩瞀精神恍惑日夜遨遊淹息其間如病狂喪心之人莫自知其家業之所歸時君世主亦皆昏迷顛倒於其說而終身從事於無用之虛文莫自知其所謂間有覺其空疏謬妄支離牽滯而卓然自奮欲以見諸行事之實者極其所抵亦不過爲富強功利五霸之事業而止聖人之學

日遠日晦而功利之習愈趨愈下其間雖嘗瞽惑於佛老而佛老之說卒亦未能有以勝其功利之心雖又嘗折衷於羣儒而羣儒之論終亦未能有以破其功利之見蓋至於今功利之毒淪浹於人之心髓而習以成性也幾千年矣相矜以知相軋以勢相爭以利相高以技能相取以聲譽其出而仕也理錢穀者則欲兼夫兵刑典禮樂者又欲與於銓軸處郡縣則思藩臬之

高居臺諫則望宰執之要故不能其事則不得以兼其官不通其說則不可以要其譽記誦之廣適以長其敖也知識之多適以行其惡也聞見之博適以肆其辯也辭章之富適以飾其僞也是以臯夔稷契所不能兼之事而今之初學小生皆欲通其說行其術其稱名借號未嘗不曰吾欲以共成天下之務而其誠心實意之所在以爲不如是則無以濟其私而滿其欲也嗚

呼以若是之積染以若是之心志而又講之以若是之學術宜其聞吾聖人之教而視之以爲贅疣枘鑿則其以良知爲未足而謂聖人之學爲無所用亦其勢有所必至矣嗚呼士生斯世而尚何以求聖人之學乎尚何以論聖人之學乎士生斯世而欲以爲學者不亦勞苦而繁難乎不亦拘滯而險艱乎嗚呼可悲也已所幸天理之在人心終有所不可泯而良知之明萬古

一日則其聞吾拔本塞源之論必有惻然而悲戚然而痛憤然而起沛然若决江河而有所不可禦者矣非夫豪傑之士無所待而興者吾誰與望乎

傳習錄下卷

傳習錄　三十三

傳習錄下卷三

答周道通書

吳曾兩生至備道道通懇切爲道之意殊慰想念若道通眞可謂篤信好學者矣憂病中會不能與兩生細論然兩生亦自有志向肯用功者每見輒覺有進在區區誠不能無負於兩生之遠來在兩生則亦庶幾無負其遠來之意矣臨別以此册致道通意請書數語荒憒無可言者

輒以道通來書中所問數節略下轉語奉酬草草殊不詳細兩生當亦自能口悉也

來書云日用工夫只是立志近來於先生誨言愈益明白然須朋友講習則此志纔精健濶大纔有生意若三五日不得朋友相講便覺微弱遇事便會困亦時會忘乃今無朋友相講之日還只靜坐或看書或行動凡寓目措身悉取以培養此志頗覺意思和適然終

不如講學時生意更多也離羣索居之人當

更有何法以處之

此段足驗道通日用工夫所得工夫大略亦只是如此用只要無間斷到得純熟後意思又自不同矣大抵吾人爲學緊要大頭腦只是立志所謂困忘之病亦只是志欠眞切今好色之人未嘗病於困忘只是一眞切耳自家痛痒自家須會知得自家須會搔摩得旣自知得痛痒自

家須不能不搔摩得佛家謂之方便法門須是自家調停斟酌他人摠難與力亦更無別法可設也

來書云上蔡嘗問天下何思何慮伊川云有此理只是發得大早在學者工夫固是必有事焉而勿忘然亦須識得何思何慮底氣象一併看爲是若不識得這氣象便有正與助長之病若認得何思何慮而忘必有事焉工

夫恐又墮於無也須是不滯於有不墮於無

　然乎否也

所論亦相去不遠矣只是契悟未盡上蔡之問與伊川之答亦只是上蔡伊川之意與孔子繫辭原旨稍有不同繫言何思何慮是言所思所慮只是一箇天理更無別思別慮耳非謂無思無慮也故曰同歸而殊途一致而百慮天下何思何慮云殊途云百慮則豈謂無思無慮邪心

之本體即是天理天理只是一箇更有何可思慮得天理原自寂然不動原自感而遂通學者用功雖千思萬慮只是要復他本來體用而已不是以私意去安排思索出來故明道云君子之學莫若廓然而大公物來而順應若以私意去安排思索便是用智自私矣何思何慮正是工夫在聖人分上便是自然的在學者分上便是勉然的伊川卻是把作效驗看了所以有發

得太早之說既而云却好用功則已自覺其前言之有未盡矣濂溪主靜之論亦是此意今道通之言雖已不爲無見然亦未免尚有兩事也

來書云凡學者纔曉得做工夫便要識認得聖人氣象蓋認得聖人氣象把做準的乃就實地做工夫去纔不會差纔是作聖工夫未知是否

先認聖人氣象昔人嘗有是言矣然亦欠有頭

腦聖人氣象自是聖人的我從何處識認若不就自己良知上眞切體認如以無星之稱而權輕重未開之鏡而照姸媸眞所謂以小人之腹而度君子之心矣聖人氣象何由認得自己良知原與聖人一般若體認得自己良知明白即聖人氣象不在聖人而在我矣程子嘗云覷著堯學他行事無他許多聰明睿智安能如彼之動容周旋中禮又云心通於道然後能辨是非

今且說通於道在何處聰明睿智從何處出來

來書云事上磨煉一日之内不管有事無事只一意培養本原若遇事來感或自已有感心上既有覺安可謂無事但因事凝心一會大段覺得事理當如此只如無事處之盡吾心而已然乃有處得善與未善何也又或事來得多須要次第與處每因才力不足輒爲所困雖極力扶起而精神已覺衰弱遇此未

免要十分退省寧不了事不可不加培養如何

所說工夫就道通分上也只是如此用然未免有出入在凡人爲學終身只爲這一事自少至老自朝至暮不論有事無事只是做得這一件所謂必有事焉者也若說寧不了事不可不加培養卻是尚爲兩事也必有事焉而勿忘勿助事物之來但盡吾心之良知以應之所謂忠恕

違道不遠矣凡處得有善有未善及有困頓失
次之患者皆是牽於毁譽得喪不能實致其良
知耳若能實致其良知然後見得平日所謂善
者未必是善所謂未善者却恐正是牽於毁譽
得喪自賊其良知者也

來書云致知之說春間再承誨益已頗知用
力覺得比舊尤爲簡易但鄙心則謂與初學
言之還須帶格物意思使之知下手處本來

致知格物一併下但在初學未知下手用功

還說與格物方曉得致知云云

格物是致知工夫知得致知便已知得格物若是未知格物則是致知工夫亦未嘗知也近有一書與友人論此頗悉今往一通細觀之當自見矣

來書云今之爲朱陸之辨者尚未已每對朋友言正學不明已久且不須枉費心力爲朱

陸爭是非只依先生立志二字點化人若其人果能辨得此志來决意要知此學已是大段明白了朱陸雖不辨彼自能覺得又嘗見朋友中見有人議先生之言者輒爲動氣昔在朱陸二先生所以遺後世紛紛之議者亦見二先生工夫有未純熟分明亦有動氣之病若明道則無此矣觀其與吳涉禮論介甫之學云爲我盡達諸介甫不有益於彼必有

流於我也氣象何等從容嘗見先生與人書
中亦引此言願朋友皆如此如何
此節議論得極是極是願道通遍以告於同志各自且論自己是非莫論朱陸是非也以言語謗人其謗淺若自己不能身體實踐而徒入耳出口呶呶度日是以身謗也其謗深矣凡今天下之論議我者苟能取以爲善皆是砥礪切磋我也則在我無非警惕修省進德之地矣昔人

謂攻吾之短者是吾師師又可惡乎
來書云有引程子人生而靜以上不容說才說性便已不是性何故不容說何故不是性晦庵答云不容說者未有性之可言不是性者已不能無氣質之雜矣二先生之言皆未能曉每看書至此輒爲一惑請問
生之謂性生字卽是氣字猶言氣卽是性也氣卽是性人生而靜以上不容說才說氣卽是性

即已落在一邊不是性之本原矣孟子性善是從本原上說然性善之端須在氣上始見得若無氣亦無可見矣惻隱羞惡辭讓是非即是氣程子謂論性不論氣不備論氣不論性不明亦是爲學者各認一邊只得如此說若見得自性明白時氣即是性性即是氣原無性氣之可分也

答陸原靜書

來書云下手工夫覺此心無時寧靜妄心固動也照心亦動也心既恒動則無刻暫停也是有意於求寧靜是以愈不寧靜耳夫妄心則動也照心非動也恒照則恒動恒靜天地之所以恒久而不已也照心固照也妄心亦照也其爲物不貳則其生物不息有刻暫停則息矣非至誠無息之學矣

來書云良知亦有起處云云

此或聽之未審良知者心之本體即前所謂恒照者也心之本體無起無不起雖妄念之發而良知未嘗不在但人不知存則有時而或放耳雖昏塞之極而良知未嘗不明但人不知察則有時而或蔽耳雖有時而或放其體實未嘗不在也存之而已耳雖有時而或蔽其體實未嘗不明也察之而已耳若謂良知亦有起處則是有時而不在也非其本體之謂矣

精一之精以理言精神之精以氣言理者氣之條理氣者理之運用無條理則不能運用無運用則亦無以見其所謂條理者矣人之心精明精則一精則神精則誠一則精一則明一則神一則誠原非有二事也但後世儒者之說與養生之說各滯於一偏是以不相爲用前日精一之論雖爲原靜愛養精神而發然而作聖之功寔亦不外是矣

來書云元神元氣元精必各有寄藏發生之處又有眞陰之精眞陽之氣云云

夫良知一也以其妙用而言謂之神以其流行而言謂之氣以其凝聚而言謂之精安可以形象方所求哉眞陰之精卽眞陽之氣之母眞陽之氣卽眞陰之精之父陰根陽陽根陰亦非有二也苟吾良知之說明則凡若此類皆可以不言而喻不然則如來書所云三關七返九還之

屬尚有無窮可疑者也

又

來書云良知心之本體即所謂性善也何未發之中也寂然不動之體也廓然太公也常人皆不能而必待於學邪中也寂也公也既以屬心之體則良知是矣今驗之於心知無不良而中寂太公實未有也豈良知復超然於體用之外乎

性無不善故知無不良良知即是未發之中即是廓然太公寂然不動之本體人人之所同具者也但不能不昏蔽於物欲故須學以去其昏蔽然於良知之本體初不能有加損於毫末也知無不良而中寂太公未能全者是昏蔽之未盡去而存之未純耳體即良知之體用即良知之用寧復有超然於體用之外者乎

來書云周子曰主靜程子曰動亦定靜亦定

先生曰定者心之本體是靜定也決非不睹不聞無思無爲之謂必常知常存常主於理之謂也夫常知常存常主於理明是動也已發也何以謂之靜何以謂之本體豈是靜定也又有以貫乎心之動靜者邪

理無動者也常知常存常主於理卽不睹不聞無思無爲之謂也不睹不聞無思無爲非槁木死灰之謂也睹聞思爲一於理而未嘗有所睹

聞思爲卽是動而未嘗動也所謂動亦定靜亦定體用一原者也

來書云此心未發之體其在已發之前乎其在已發之中而爲之主乎其無前後內外而渾然一體者乎今謂心之動靜者其主有事無事而言乎其主寂然感通而言乎其主循理從欲而言乎若以循理爲靜從欲爲動則於所謂動中有靜靜中有動動極而靜靜極

而動者不可通矣若以有事而感通爲動無事而寂然爲靜則於所謂動而無動靜而無靜者不可通矣若謂未發在已發之先靜而生動是至誠有息也聖人有復也又不可矣若謂未發在已發之中則不知未發已發俱當主靜乎抑未發爲靜而已發爲動乎抑未發已發俱無動無靜乎俱有動有靜乎幸教

未發之中即良知也無前後內外而渾然一體

者也有事無事可以言動靜而良知無分於有事無事也寂然感通可以言動靜而良知無分於寂然感通也動靜者所遇之時心之本體固無分於動靜也理無動者也動卽爲欲循理則雖酬酢萬變而未嘗動也從欲則雖槁心一念而未嘗靜也動中有靜靜中有動又何疑乎有事而感通固可以言動然而寂然者未嘗有增也無事而寂然固可以言靜然而感通者未嘗

有械也動而無動靜而無靜又何疑乎無前後內外而渾然一體則至誠有息之疑不待解矣未發在已發之中而已發之中未嘗別有未發者在已發在未發之中而未發之中未嘗別有已發者存是未嘗無動靜而不可以動靜分者也凡觀古人言語在以意逆志而得其大旨若必拘滯於文義則靡有孑遺者是周果無遺民也周子靜極而動之說苟不善觀亦未免有病

蓋其意從太極動而生陽靜而生陰說來太極生生之理妙用無息而常體不易太極之生生即陰陽之生生就其生生之中指其妙用無息者而謂之動謂之陽之生非謂動而後生陽也就其生生之中指其常體不易者而謂之靜謂之陰之生非謂靜而後生陰也若果靜而後生陰動而後生陽則是陰陽動靜截然各自爲一物矣陰陽一氣也一氣屈伸而爲陰陽動靜一

理也一理隱顯而爲動靜春夏可以爲陽爲動
而未嘗無陰與靜也秋冬可以爲陰爲靜而未
嘗無陽與動也春夏此不息秋冬此不息皆可
謂之陽謂之動也春夏此常體秋冬此常體皆
可謂之陰謂之靜也自元會運世歲月日時以
至刻抄忽微莫不皆然所謂動靜無端陰陽無
始在知道者默而識之非可以言語窮也若只
牽文泥句比擬倣像則所謂心從法華轉非是

轉法華矣

來書云嘗試於心喜怒憂懼之感發也雖動氣之極而吾心良知一覺即罔然消阻或遏於初或制於中或悔於後然則良知常若居優閒無事之地而爲之主於喜怒憂懼若不與焉者何歟

知此則知未發之中寂然不動之體而有發而中節之和感而遂通之妙矣然謂良知常若居

於優閒無事之地語尚有病葢良知雖不滯於喜怒憂懼而喜怒憂懼亦不外於良知也

來書云夫子昨以良知爲照心竊謂良知心之本體也照心人所用功乃戒愼恐懼之心也猶思也而遂以戒愼恐懼爲良知何歟

能戒愼恐懼者是良知也

來書云先生又曰照心非動也豈以其循理而謂之靜歟妄心亦照也豈以其良知未嘗

不在於其中未嘗不明於其中而視聽言動之不過則者皆天理歟且既曰妄心則在妄心可謂之照而在照心則謂之妄矣妄與息何異今假妄之照以續至誠之無息竊所未明幸再啓蒙

照心非動者以其發於本體明覺之自然而未嘗有所動也有所動即妄矣妄心亦照者以其本體明覺之自然者未嘗不在於其中但有所

動耳無所動即照矣無妄無照非以妄爲照以照爲妄也照心爲照妄心爲妄是猶有妄有照也有妄有照則猶二也貳則息矣無妄無照則不貳不貳則不息矣

來書云養生以清心寡欲爲要夫清心寡欲作聖之功畢矣然欲寡則心自清清心非舍棄人事而獨居求靜之謂也蓋欲使此心純乎天理而無一毫人欲之私耳今欲爲此之

功而隨人欲生而克之則病根常在未免滅於東而生於西若欲刋剝洗蕩於衆欲未萌之先則又無所用其力徒使此心之不清且欲未萌而搜剔以求去之是猶引犬上堂而逐之也愈不可矣

必欲此心純乎天理而無一毫人欲之私此作聖之功也必欲此心純乎天理而無一毫人欲之私非防於未萌之先而克於方萌之際不能

也防於未萌之先而克於方萌之際此正中庸戒慎恐懼大學致知格物之功舍此之外無別功矣夫謂滅於東而生於西引犬上堂而逐之者是自私自利將迎意必之爲累而非克治洗蕩之爲患也今日養生以清心寡欲爲要只養生二字便是自私自利將迎意必之根有此病根潛伏於中宜其有滅於東而生於西引犬上堂而逐之之患也

來書云佛氏於不思善不思惡時認本來面目於吾儒隨物而格之功不同吾若於不思善不思惡時用致知之功則已涉於思善矣欲善惡不思而心之良知清靜自在惟有寐方醒之時耳斯正孟子夜氣之說但於斯光景不能久倏忽之際思慮已生不知用功久者其常寐初醒而思未起之時否乎今澄欲求寧靜愈不寧靜欲念無生則念愈生如之

何而能使此心前念易滅後念不生良知獨
顯而與造物者遊乎
不思善不思惡時認本來面目此佛氏爲未識
本來面目者設此方便本來面目卽吾聖門所
謂良知今旣認得良知明白卽已不消如此說
矣隨物而格是致知之功卽佛氏之常惺惺亦
是常存他本來面目耳體段工夫大畧相似但
佛氏有箇自私自利之心所以便有不同耳今

欲善惡不思而心之良知清靜自在此便有自私自利將迎意必之心所以有不思善不思惡時用致知之功則已涉於思善之患孟子說夜氣亦只是爲失其良心之人指出箇良心萌動處使他從此培養將去今已知得良知明白常用致知之功卽已不消說夜氣却是得兎後不知守兎而仍去守株兎將復失之矣欲求寧靜欲念無生此正是自私自利將迎意必之病是

以念愈生而愈不寧靜良知只是一箇良知而善惡自辨更有何善何惡可思良知之體本自寧靜今却又添一箇求寧靜本自生生今却又添一箇欲無生非獨聖門致知之功不如此雖佛氏之學亦未如此將迎意必也只是一念良知徹頭徹尾無始無終即是前念不滅後念不生今却欲前念易滅而後念不生是佛氏所謂斷滅種性入於槁木死灰之謂矣

來書云佛氏又有常提念頭之說其猶孟子所謂必有事夫子所謂致良知之說乎其卽常惺惺常記得常知得常存得者乎於此念頭提在之時而事至物來應之必有其道但恐此念頭提起時少放下時多則工夫間斷耳且念頭放失多因私欲客氣之動而始忽然驚醒而後提其放而未提之間心之昏雜多不自覺今欲日精日明常提不放以何道

乎只此常提不放卽全功乎抑於常提不放
之中更宜加省克之功乎雖曰常提不放而
不加戒懼克治之功恐私欲不去若加戒懼
克治之功焉又爲思善之事而於本來面目
又未達一間也如之何則可
戒懼克治卽是常提不放之功卽是必有事焉
豈有兩事邪此節所問前一叚巳自說得分
曉末後却是自生迷惑說得支離反有本來

而日未達一間之疑都是自私自利將迎意必之爲病去此病自無此疑矣來書云質美者明得盡渣滓便渾化如何謂明得盡如何而能便渾化

良知本來自明氣質不美者渣滓多障蔽厚不易開明質美者渣滓原少無多障蔽略加致知之功此良知便自瑩徹些少渣滓如湯中浮雪如何能作障蔽此本不甚難曉原靜所以致疑

於此想是因一明字不明白亦是稍有欲速之心向曾面論明善之義明則誠矣非若後儒所謂明善之淺也

來書云聰明睿知果質乎仁義禮智果性乎喜怒哀樂果情乎私欲客氣果一物乎二物乎古之英才若子房仲舒叔度孔明文中韓范諸公德業表著皆良知中所發也而不得謂之聞道者果何在乎苟曰此特生質之美

耳則生知安行者不愈於學知困勉者乎愚意竊云謂諸公見道偏則可謂全無聞則恐後儒崇尚記誦訓詁之過也然乎否乎

性一而已仁義禮知性之性也聰明睿知性之質也喜怒哀樂性之情也私欲客氣性之蔽也質有清濁故情有過不及而蔽有淺深也私欲客氣一病兩痛非二物也張黃諸葛及韓范諸公皆天質之美自多暗合道妙雖未可盡謂之

知學盡謂之聞道然亦自有其學違道不遠者
也使其聞學知道即伊傳周召矣若文中子則
又不可謂之不知學者其書雖多出於其徒亦
多有未是處然其大畧則亦居然可見但今相
去遼遠無有的然憑證不可懸斷其所至矣夫
良知即是道良知之在人心不但聖賢雖常人
亦無不如此若無有物欲牽蔽但循着良知發
用流行將去即無不是道但在常人多爲物欲

牽蔽不能循得良知如數公者天質旣自清明自少物欲爲之牽蔽則其良知之發用流行處自然是多自然違道不遠學者學循此良知而已謂之知學只是知得專在學循良知數公雖未知專在良知上用功而或泛濫於多岐疑迷於影響是以或離或合而未純若知得時便是聖人矣後儒嘗以數子者尚皆是氣質用事未免於行不著習不察此亦未爲過論但後儒之

所爲著察者亦是狃於聞見之狹蔽於沿習之非而依擬倣象於影響形迹之間尚非聖門之所謂著察者也則亦安得以已之昏昏而求人之昭昭也乎所謂生知安行知行二字亦是就用功上說若是知行本體卽是良知良能雖在困勉之人亦皆可謂之生知安行矣知行二字更宜精察

來書云昔周茂叔每令伯淳尋仲尼顏子樂

處敢問是樂也與七情之樂同乎否乎若同則常人之一遂所欲皆能樂矣何必聖賢若別有眞樂則聖賢之遇大憂大怒大驚大懼之事此樂亦在否乎且君子之心常存戒懼是蓋終身之憂也惡得樂澄平生多悶未嘗見眞樂之趣今切願尋之

樂是心之本體雖不同於七情之樂而亦不外於七情之樂雖則聖賢別有眞樂而亦常人之

所同有但常人有之而不自知反自求許多憂苦自加迷棄雖在憂苦迷棄之中而此樂又未嘗不存但一念開明反身而誠則即此而在矣每與原靜論無非此意而原靜尚有何道可得之問是猶未免於騎驢覓驢之蔽也

來書云大學以心有好樂忿懥憂患恐懼爲不得其正而程子亦謂聖人情順萬事而無情所謂有者傳習錄中以病瘧譬之極精切

矣若程子之言則是聖人之情不生於心而
生於物也何謂耶且事感而情應則是是非
非可以就格事或未感時謂之有則未形也
謂之無則病根在有無之間何以致吾知乎
學務無情累雖輕而出儒入佛矣可乎
聖人致知之功至誠無息其良知之體皦如明
鏡畧無纖翳妍媸之來隨物見形而明鏡曾無
留染所謂情順萬事而無情也無所住而生其

心佛氏曾有是言未爲非也明鏡之應物妍者妍媸者媸一照而皆真即是生其心處妍者妍媸者媸一過而不留即是無所住處病瘧之喻既已見其精切則此節所問可以釋然病瘧之人瘧雖未發而病根自在則亦安可以其瘧之未發而遂忘其服藥調理之功乎若必待瘧發而後服藥調理則既晚矣致知之功無間於有事無事而豈論於病之已發未發邪大抵原靜

所疑前後雖若不一然皆起於自私自利將迎意必之爲祟此根一去則前後所疑自將氷消霧釋有不待於問辨者矣

傳習錄下卷三　終

傳習錄下卷四

答歐陽崇一

崇一來書云：師云「德性之良知，非由於聞見。若曰『多聞擇其善者而從之，多見而識之』，則是專求之見聞之末，而已落在第二義」。竊意良知雖不由見聞而有，然學者之知，未嘗不因見聞而發。滯於見聞固非，而見聞亦良知之用也。今曰落在第二義，恐爲專以見聞爲

學者而言若致其良知而求之見聞似亦知行合一之功矣如何

良知不由見聞而有而見聞莫非良知之用故良知不滯於見聞而亦不離於見聞孔子云吾有知乎哉無知也良知之外別無知矣故致良知是學問大頭腦是聖人教人第一義今云專求之見聞之末則是失却頭腦而已落在第二義矣近時同志中葢已莫不知有致良知之說

然其工夫尚多鶻突者正是欠此一問大抵學問工夫只要主意頭腦是當若主意頭腦專以致良知爲事則凡多聞多見莫非致良知之功葢日用之間見聞酬酢雖千頭萬緒莫非良知之發用流行除却見聞酬酢亦無良知可致矣故只是一事若曰致其良知而求之見聞則語意之間未免爲二此與專求之見聞之末者雖稍不同其爲未得精一之旨則一而已多聞擇

其善者而從之多見而識之旣云擇又云識其良知亦未常不行於其間但其用意乃專在多聞多見上去擇識則已失却頭腦矣崇一於此等處見得當已分曉今日之問正爲發明此學於同志中極有益但語意未瑩則毫釐千里亦不容不精察之也

來書云師云繫言何思何慮是言所思所慮只是天理更無別思別慮耳非謂無思無慮

也心之本體即是天理有何可思慮得學者用功雖千思萬慮只是要復他本體不是以私意去安排思索出來若安排思索便是自私用智矣學者之敝大率非沈空守寂則安排思索德辛壬之歲著前一病近又著後一病但思索亦是良知發用其與私意安排者何所取別恐認賊作子惑而不知也

思曰睿睿作聖心之官則思思則得之思其可

少乎沉空守寂與安排思索正是自私用智其爲喪失良知一也良知是天理之昭明靈覺處故良知卽是天理思是良知之發用若是良知發用之思則所思莫非天理矣良知發用之思自然明白簡易良知亦自能知得若是私意安排之思自是紛紜勞擾良知亦自會分別得蓋思之是非邪正良知無有不自知者所以認賊作子正爲致知之學不明不知在良知上體認

之耳

來書又云師云爲學終身只是一事不論有事無事只是這一件若說寧不了事不可不加培養却是分爲兩事也竊意覺精力衰弱不足以終事者良知也寧不了事且加休養致知也如何却爲兩事若事變之來有事勢不容不了而精力雖衰稍鼓舞亦能支持則持志以帥氣可矣然言動終無氣力畢事則

困憊已甚不幾於暴其氣已乎此其輕重緩急良知固未嘗不知然或迫於事勢安能顧精力或困於精力安能顧事勢如之何則可寧不了事不可不加培養之意且與初學如此說亦不爲無益但作兩事看了便有病痛在孟子言必有事焉則君子之學終身只是集義一事義者宜也心得其宜之謂義能致良知則心得其宜矣故集義亦只是致良知君子之酬酢

萬變當行則行當止則止當生則生當死則死斟酌調停無非是致其良知以求自謙而已故君子素其位而行思不出其位凡謀其力之所不及而強其知之所不能者皆不得爲致良知而凡勞其筋骨餓其體膚空乏其身行拂亂其所爲動心忍性以增益其所不能者皆所以致其良知也若云寧不了事不可不加培養者亦是先有功利之心較計成敗利鈍而愛憎取舍

於其間是以將了事自作一事而培養又別作一事此便有是內非外之意便是自私用智便是義外便有不得於心勿求於氣之病便不是致良知以求自謙之功矣所云鼓舞支持畢事則困憊已甚又云迫於事勢困於精力皆是把作兩事做了所以有此凡學問之功一則誠二則僞凡此皆是致良知之意欠誠一眞切之故大學言誠其意者如惡惡臭如好好色此之謂

自謙曾見有惡惡臭好好色而須鼓舞支持者乎曾有畢事則困憊已甚者乎曾有迫於事勢困於精力者乎此可以知其受病之所從來矣

來書又有云人情機詐百出御之以不疑往往爲所欺覺則自入於逆億夫逆詐即詐也億不信即非信也爲人欺又非覺也不逆不億而常先覺其惟良知瑩徹乎然而出入毫忽之間背覺合詐者多矣

不逆不億而先覺此孔子因當時人專以逆詐億不信爲心而自陷於詐與不信又有不逆不億者然不知致良知之功而往往又爲人所欺詐故有是言非教人以是存心而專欲先覺人之詐與不信也以是存心即是後世猜忌險薄者之事而只此一念已不可與入堯舜之道矣不逆不億而爲人所欺者尚亦不失爲善但不如能致其良知而自然先覺者之尤爲賢耳崇

一謂其惟良知瑩徹者蓋已得其旨矣然亦頼悟所及恐未實際也蓋良知之在人心亘萬古塞宇宙而無不同不慮而知恒易以知險不學而能恒簡以知阻先天而天不違天且不違而況於人乎況於鬼神乎夫謂背覺合詐者是雖不逆人而或未能無自欺也雖不億人而或未能果自信也是或常有求先覺之心而未能常自覺也常有求先覺之心即已流於逆億而足

以自蔽其良知矣此背覺合詐之所以未免也君子學以爲己未嘗虞人之欺已也恒不自欺其良知而已未嘗虞人之不信已也恒自信其良知而已未嘗求先覺人之詐與不信也恒務自覺其良知而已是故不欺則良知無所僞而誠誠則明矣自信則良知無所惑而明明則誠矣明誠相生是故良知常覺常照常覺常照則如明鏡之懸而物之來者自不能遁其妍媸矣

何者不欺而誠則無所容其欺苟有欺焉而覺
矣自信而明則無所容其不信苟不信焉而覺
矣是謂易以知險簡以知阻子思所謂至誠如
神可以前知者也然子思謂如神謂可以前知
猶二而言之是蓋推言思誠者之功效是猶爲
不能先覺者說也若就至誠而言則至誠之妙
用卽謂之神不必言如神至誠則無知而無不
知不必言可以前知矣

答聶文蔚書

春間遠勞迂途枉顧此情何可當也甚欲扳留旬日少效其鄙見以求切劘之益而公期俗絆勢有不能別去極怏怏如有所失忽承箋惠沆慰可知中間推許太過蓋亦獎掖之盛心而規礪眞切思欲納之於賢聖之域又托諸崇一以致其勤勤懇懇之懷此非深交篤愛何以及是知感知媿且懼其無以堪之也雖然僕亦何敢

不自鞭勉而徒以感媿辭讓爲乎哉其謂思孟周程無意相遭於千載之下與其盡信於天下不若真信於一人道固自在學亦自在天下信之不爲多一人信之不爲少者斯固君子不見是而無悶之心豈世之譾譾屑屑者知足以及之乎乃僕之情則有大不得已者存乎其間而非以計人之信與不信也夫人者天地之心天地萬物本吾一體者也生民之困苦荼毒孰非

疾痛之切於吾身者乎不知吾身之疾痛無是非之心者也是非之心不慮而知不學而能所謂良知也良知之在人心無間於聖愚天下古今之所同也世之君子惟務致其良知則自能公是非同好惡視人猶己視國猶家而以天地萬物爲一體求天下無治不可得矣古之人所以能見善不啻若己出見惡不啻若己入視民之饑溺猶己之饑溺而一夫不獲若己推而納

諸溝中者非故爲是而以蘄天下之信己也務致其良知求自謙而已矣堯舜三王之聖言而民莫不信者致其良知而言之也行而民莫不說者致其良知而行之也是以其民熙熙皞皞殺之不怨利之不庸施及蠻貊而凡有血氣者莫不尊親爲其良知之同也嗚呼聖人之治天下何其簡且易哉後世良知之學不明天下之人用其私智以相比軋是以人各有心而偏瑣

僻陋之見狡僞陰邪之術至於不可勝說外假仁義之名而內以行其自私自利之實詭辭以阿俗矯行以干譽揜人之善而襲以爲己長訐人之私而竊以爲己直忿以相勝而猶爲之徇義險以相傾而猶謂之疾惡妬賢忌能而猶自以爲公是非恣情縱欲而猶自以爲同好惡相陵相賊自其一家骨肉之親已不能無爾我勝負之意彼此藩籬之形而況於天下之大民物

之衆又何能一體而視之則有無惟於紛紛藉藉而禍亂相尋於無窮矣僕誠賴天之靈偶有見於良知之學以爲必由此而後天下可得而治是以每念斯民之陷溺則爲之戚然痛心忘其身之不肖而思以此救之亦不自知其量者天下之人見其若是遂相與非笑而詆斥之以爲是病狂喪心之人耳嗚呼是奚足恤哉吾方疾痛之切體而暇計人之非笑乎人固有見其

父子兄弟之墜溺於深淵者呼號匍匐裸跣顛頓扳懸崖壁而下拯之士之見者方相與揖讓談笑於其傍以爲是棄其禮貌衣冠而呼號顛頓若此是病狂喪心者也故夫揖讓談笑於溺人之傍而不知救此惟行路之人無親戚骨肉之情者能之然已謂之無惻隱之心非人矣若夫在父子兄弟之愛者則固未有不痛心疾首狂奔盡氣匍匐而拯之彼將陷溺之禍有不顧

而況於病狂喪心之譏乎而又況於斯人之信與不信乎嗚呼今之人雖謂僕爲病狂喪心之人亦無不可矣天下之人心皆吾之心也天下之人猶有病狂者矣吾安得而非病狂乎猶有喪心者矣吾安得而非喪心乎昔者孔子之在當時有議其爲諂者有譏其爲佞者有毀其未賢詆其爲不知禮而侮之以爲東家丘者有嫉而沮之者有惡而欲殺之者晨門荷蕢之徒皆當

時之賢士且曰是知其不可而爲之者歟鄙哉硜硜乎莫已知也斯已而已矣雖子路在升堂之列尚不能無疑於其所見不悅於其所欲往而且以之爲迂則當時之不信夫子者豈特十之二三而已乎然而夫子汲汲遑遑若求亡子於道路而不暇於煖席者寧以蘄人之知我信我而已哉蓋其天地萬物一體之仁疾痛迫切雖欲已之而自有所不容已故其言曰吾非斯

人之徒與而誰與。欲潔其身而亂大倫。果哉末之難矣。嗚呼此非誠以天地萬物為一體者。孰能以知夫子之心乎。若其遯世無悶樂天知命者。則固無入而不自得。道並行而不相悖也。僕之不肖。何敢以夫子之道為己任。顧其心亦已稍知疾痛之在身。是以徬徨四顧。將求其有助於我者。相與講去其病耳。今誠得豪傑同志之士。扶持匡翼。共明良知之學於天下。使天下之人皆知自致其良知以相安相養去其自私自利之蔽一洗讒妬勝忿之習以濟於大同則僕之狂病固將脫然以愈而終免於喪心之患矣豈不快哉嗟呼今誠欲求豪傑同志之士於天下非如吾文蔚者而誰望之乎如吾文蔚之才與志。誠足以援天下之溺者。今又旣知其具之在我而無假於外求矣。循是而充若決河注海孰得而禦哉。文蔚所謂一人信之不爲少。其又能遜以委之何人乎。會稽素號山水之區深林長谷信步皆是寒暑晦明無時不宜安居飽食塵囂無擾良朋四集道義日新優哉游哉天地之間寧復有樂於是哉。孔子云不怨天不尤人下學而上達。僕與二三同志方將請事斯語奚暇外慕。獨其切膚之痛乃有未能恝然者。輒復云云爾。咳疾暑毒書札絕懶盛使遠來遲留經月。臨岐執筆又不覺累紙。蓋於相知之深雖已縷縷至此殊有所未能盡也。

傳習錄下卷四終

傳習錄下卷五

示弟立志說

予弟守文來學告之以立志守文因請次第其語使得時時觀省且請淺近其辭則易於通曉也因書以與之

夫學莫先於立志志之不立猶不種其根而徒事培擁灌溉勞苦無成矣世之所以因循苟且隨俗習非而卒歸於汚下者凡以志之弗立也

故程子曰有求爲聖人之志然後可與共學人苟誠有求爲聖人之志則必思聖人之所以爲聖人者安在非以其心之純乎天理而無人欲之私歟聖人之所以爲聖人惟以其心之純乎天理而無人欲則我之欲爲聖人亦惟在於此心之純乎天理而無人欲耳欲此心之純乎天理而無人欲則必去人欲而存天理務去人欲而存天理則必求所以去人欲而存天理之方

求所以去人欲而存天理之方則必正諸先覺考諸古訓而凡所謂學問之功者然後可得而講而亦有所不容已矣

夫所謂正諸先覺者既以其人爲先覺而師之矣則當專心致志惟先覺之爲聽言有不合不得棄置必從而思之思之不得又從而辨之務求了釋不敢輒生疑惑故記曰師嚴然後道尊道尊然後民知敬學苟無尊崇篤信之心則必

有輕忽慢易之意言之而聽之不審猶不聽也聽之而思之不慎猶不思也是則雖曰師之猶不師也

夫所謂考諸古訓者聖賢垂訓莫非教人去人欲而存天理之方若五經四書是已吾惟欲去吾之人欲存吾之天理而不得其方是以求之於此則其展卷之際真如饑者之於食求飽而已病者之於藥求愈而已暗者之於燈求照而

已跛者之於杖杖求行而已曾有徒事記誦講說
以資口耳之弊哉
夫立志亦不易矣孔子聖人也猶曰吾十有五
而志于學三十而立立者立志也雖至於不踰
矩亦志之不踰矩也志豈可易而視哉夫志氣
之帥也人之命也木之根也水之源也源不濬
則流息根不植則木枯命不續則人死志不立
則氣昏是以君子之學無時無處而不以立志

爲事正目而視之無他見也傾耳而聽之無他聞也如猫捕鼠如雞覆卵精神心思凝聚融結而不復知有其他然後此志常立神氣精明義理昭著一有私欲即便知覺自然容住不得矣故凡一毫私欲之萌只責此志不立即私欲便退聽一毫客氣之動只責此志不立則客氣便消除或怠心生責此志即不怠忽心生責此志即不忽懆心生責此志即不懆妒心生責此志

即不妒忿心生責此志即不忿貪心生責此志即不貪傲心生責此志即不傲吝心生責此志即不吝蓋無一息而非立志責志之時無一事而非立志責志之地故責志之功其去人欲有如烈火之燎毛太陽一出而魍魎潛消也自古聖賢因時立教雖若不同其用功大指無或少異書謂惟精惟一易謂敬以直內義以方外孔子謂格至誠正博文約禮曾子謂忠恕子思謂

尊德性而道問學孟子謂集義養氣求其放心
雖若人自爲說有不可強同者而求其要領歸
宿合若符契何者道一而已道同則心同心同
則學同其卒不同者皆邪說也後世大患尤在
無志故今以立志爲說中間字字句句莫非立
志蓋終身學問之功只是立得志而已若以是
說而合精一則字字句句皆精一之功以是說
而合敬義則字字句句皆敬義之功其諸格致

博約忠恕諸說無不脗合但能實心體之然後信予言之非妄也

訓蒙大意示教讀劉伯頌等

古之教者教以人倫後世記誦詞章之習起而先王之教亡今教童子惟當以孝弟忠信禮義廉恥為專務其栽培涵養之方則宜誘之歌詩以發其志意導之習禮以肅其威儀諷之讀書以開其知覺今人往往以歌詩習禮為不切時

務此皆末俗庸鄙之見烏足以知古人立教之意哉大抵童子之情樂嬉遊而憚拘檢如草木之始萌芽舒暢之則條達摧撓之則衰痿今教童子必使其趨向鼓舞中心喜悅則其進自不能已譬之時雨春風霑被卉木莫不萌動發越自然日長月化若冰霜剝落則生意蕭索日就枯槁矣故凡誘之歌詩者非但發其志意而已亦所以洩其跳號呼嘯於詠歌宣其幽抑結滯

於音節也導之習禮者非但肅其威儀而已亦所以周旋揖讓而動蕩其血脈拜起屈伸而固束其筋骸也諷之讀書者非但開其知覺而已亦所以沈潛反復而存其心抑揚諷誦以宣其志也凡此皆所以順導其志意調理其性情潛消其鄙吝默化其麤頑日使之漸於禮義而不苦其難入於中和而不知其故是蓋先王立教之微意也若近世之訓蒙穉者日惟督以句讀

課倣責其檢束而不知導之以禮求其聰明而不知養之以善鞭撻繩縛若待拘囚彼視學舍如囹獄而不肯入視師長如寇仇而不欲見窺避掩覆以遂其嬉遊設詐飾詭以肆其頑鄙偷薄庸劣日趨下流是蓋驅之於惡而求其爲善也何可得乎凡吾所以教其意實在於此恐時俗不察視以爲迂且吾亦將去故特叮嚀以告爾諸教讀其務體吾意永以爲訓毋輒因時俗

之言改廢其繩墨庶成蒙以養正之功矣念之念之

教約

每日清晨諸生參揖畢教讀以次遍詢諸生在家所以愛親敬長之心得無懈忽未能真切否溫凊定省之儀得無虧缺未能實踐否往來街衢步趨禮節得無放蕩未能謹飭否一應言行心術得無欺妄非僻未能忠信篤敬否諸童子

務要各以實對有則改之無則加勉教讀復隨
時就事曲加誨諭開發然後各退就席肄業
凡歌詩須要整容定氣清朗其聲音均審其節
調毋躁而急毋蕩而囂毋餒而懾久則精神宣
暢心氣和平矣每學量童生多寡分爲四班每
日輪一班歌詩其餘皆就席斂容肅聽每五日
則總四班遞歌於本學每朔望集各學會歌於
書院

凡習禮須要澄心肅慮審其儀節度其容止毋忽而惰毋沮而怍毋徑而野從容而不失之迂緩修謹而不失之拘局久則體貌習熟德性堅定矣童生班次皆如歌詩每間一日則輪一班習禮其餘皆就席斂容肅觀習禮之日免其課倣每十日則總四班遞習於本學每朔望則習各學會習於書院

凡授書不在徒多但貴精熟量其資禀能二百

字者止可授以一百字常使精神力量有餘則無厭苦之患而有自得之美諷誦之際務令專心一志口誦心惟字字句句紬繹反覆抑揚其音節寬虛其心意久則義理浹洽聰明日開矣每日工夫先考德次背書誦書次習禮或作課倣次復誦書講書次歌詩凡習禮歌詩之類皆所以常存童子之心使其樂習不倦而無暇及於邪僻教者知此則知所施矣雖然此其大略

也神而明之則存乎其人

傳習錄下卷五 終

傳習錄　下　卷五　九